Alonso Borregán

La Conquista del Perú

Textos y Documentos Españoles y Americanos

Vol. VII

Alonso Borregán

La Conquista del Perú

EDICIÓN DE EVA STOLL Y MARÍA DE LAS NIEVES VÁZQUEZ NÚÑEZ

•

En colaboración con Sebastian Greußlich y Marta Guzmán.
Con un estudio introductorio de Wulf Oesterreicher.

Iberoamericana • Vervuert • 2011

Amor de Dios, 1 – E-28014 Madrid
Tel.: +34 91 429 35 22
Fax: +34 91 429 53 97
info@iberoamericanalibros.com
www.ibero-americana.net

Elisabethenstr. 3-9 – D-60594 Frankfurt am Main
Tel.: +49 69 597 46 17
Fax: +49 69 597 87 43
info@iberoamericanalibros.com
www.ibero-americana.net

ISBN 978-84-8489-635-7 (Iberoamericana)
ISBN 978-3-86527-693-3 (Vervuert)

Depósito Legal:

Diseño de la cubierta: Carlos Zamora

Impreso en

Este libro está impreso íntegramente en papel ecológico sin cloro.

c. R. m

Alonso borregan 37 — 23 f° 3

1563 años

que no ay disposicion para hazerse lo q pide en madrid 17 de enero 1565 años

16

El licenciado Santander

Alonso borregan [illegible] conquistador de las partes de las yndias [illegible]

[illegible]

ÍNDICE

Nota preliminar

La edición que presentamos hoy es fruto de largos años de trabajo, durante los cuales Alonso Borregán y su texto siempre han sido un punto de referencia para nosotros. Lo descubrimos en el marco del proyecto sobre *El español en textos escritos por semicultos. Competencia escrita de impronta oral en la historiografía indiana (siglo XVI)*, que se llevó a cabo entre los años 1991 y 1996 en la Universidad de Friburgo bajo la dirección de Wulf Oesterreicher, como parte del Área de Investigación Especializada (Sonderforschungsbereich / SFB 321), financiada por la DFG. En el proyecto B 9 colaboraron Dorothee Kaiser, Antonio Modollel, Elisenda Padrós Wolff, Ricardo Renwick Campos, Roland Schmidt-Riese, Astrid Rohfleisch y las autoras.

La crónica de Alonso Borregán ha continuado acompañándonos en los proyectos que siguieron entre 2001 y 2011 en Múnich, en el ámbito del Área de Investigación Especializada (SFB 573) *Pluralización y Autoridad en la Temprana Edad Moderna* (siglos XV-XVII), en los cuales colaboraron Claudia Bock, Álvaro Ezcurra, Robert Folger, Marta Guzmán, Sebastian Greußlich, Ofelia Huamanchumo de la Cuba, Rosio Molina Landeros, Lucía Araceli Rodríguez y Roland Schmidt-Riese.

Desde el principio estuvimos fuertemente impactados con la originalidad de los escritos de Alonso Borregán. Pronto nos dimos cuenta de que la edición de Rafael Loredo –por meritoria que sea– no es lo suficientemente precisa como para constituir un fundamento sólido para un análisis de fenómenos lingüísticos. Surgió, así, la idea de preparar una nueva edición tal como lo hicimos también para otros textos centrales de nuestro proyecto, por ejemplo, los de Andrés de Tapia, García del Pilar o Juan Ruiz de Arce.

María de las Nieves Vázquez Núñez hizo su tesis doctoral sobre Alonso Borregán. Presentó en ella una transcripción del texto acompañada de un estudio lingüístico. Esta transcripción fue el punto de partida de la presente edición. Fue revisada por Marta Guzmán y Sebastian Greußlich, y –en muchos repasos– elaborada y corregida por nosotras. Un dicho alemán dice que el "diablo está en el detalle". De hecho, tuvimos que luchar con él en muchos lugares. Esperamos que no se haya escondido en demasiados otros...

* * *

Estamos agradecidas al SFB por la financiación de este libro. A Álvaro Ezcurra, Ofelia Huamanchumo de la Cuba y Lucía Araceli Rodríguez les agradecemos la corrección del capítulo segundo, a Marta Fernández Alcaide los comentarios acerca de los tipos de escritura. Sobre todo, queremos dar las gracias a Wulf Oesterreicher, quien ha escrito el estudio introductorio de esta edición y quien ha acompañado desde el inicio todo el proceso de trabajo. Le agradecemos su apoyo y su amistad a lo largo de tantos años.

Eva Stoll
Múnich

María de las Nieves Vázquez Núñez
Madrid

12 de agosto de 2011

I. Estudio introductorio

Wulf Oesterreicher (LMU München)

"por v*ues*tra
ynperial corona se aberigue toda la verdad sobre mis
negoçios y a los que contra mi an depuesto mande
su mag*estad* castigar seberamente por justiçia allando
aver jurado falsso contra mi o a mi si obiere delinquido o ofendido por el consiguiente porque
si esto su mag*estad* premite y su mag*estad* no haçe aberiguar
y saber y a mi se me de fauor que no me maten a los
que toca este negoçio y se me de socorro para mis gastos pues me quito el conde de nieba e munatones la
merçed que v*ues*tra mag*estad* me dava de lo questa sacrestado
de los ladroninçios de munatones"
Alonso Borregán,
Crónica de la Conquista del Perú

"Como Huamán Poma eleva a la categoría histórica el robo de
unas gallinas, Borregán reclama a la posteridad por la pérdida
de unas yeguas"
Raúl Porras Barrenechea

1. Comunicación escrita en Europa y América

En las sociedades que conocen la escritura, siempre ha habido épocas en las que una distribución relativamente estable del conocimiento y uso de la escritura cambia repentinamente viéndose la situación, por un lapso de tiempo más o menos extenso, convulsionada. En estas fases de cambios sociales y culturales, acceden a la escritura personas que antes estaban excluidas de su uso activo y que, por regla general, no son capaces de cumplir con las exigencias de la comunicación escrita. Ejemplos ilustrativos de tales cambios son la Reforma y la Revolución Francesa.[1] Un caso especialmente instructivo de una constelación parecida lo encontramos en la Temprana Edad Moderna en los territorios americanos de la monarquía castellana.

Un acercamiento a la historia de la Península Ibérica muestra que, debido a la Reconquista y sus consecuencias jurídicas, se produjeron, ya tempranamente, ciertas formas de comunicación que contrastan notablemente con las de los otros países de habla románica. No se trata simplemente de la ruptura temprana con el latín y de la selección definitiva y elaboración sucesiva del castellano como lengua oficial[2], sino, sobre todo, de los géneros escritos utilizados por los colonos, artífices de la repoblación del sur de la Península y de las Islas Canarias. Desde 1492, con el descubrimiento, la conquista y la colonización del Nuevo Mundo, esta ya de por sí llamativa especificidad europeo-española adquiere una nueva dimensión.[3] Nunca en la historia europea se dará un fenómeno comparable: los españoles no sólo tienen que documentar todos sus viajes de descubrimiento y conquista, las fundaciones de ciudades y pueblos, y todas las implicaciones jurídicas de esos procedimientos, sino que, además, han de dejar constancia escrita de todas las circunstancias personales y familiares, derechos de propiedad, impuestos y otras reglamentaciones comunales, así como de las múltiples conexiones dentro del continente americano y con la Península.[4]

La documentación escrita, después de un incremento notable y sostenido durante la Edad Media, continúa aumentando en la Temprana Edad Moderna y, en América, 'estalla' literalmente. No resulta exagerado decir que la conquista del continente con la espada fue acompañada de una conquista por medio de la escritura, o, en palabras de un fraile anónimo, que *Sin la pluma no corta la espada.* Los españoles cubren el continente con una densa red de textos manuscritos e impresos, es decir, con la escrituralidad europea.[5]

[1] En torno a la Reforma en Alemania y Suiza cf. Eggers 1969; Guchmann 1974; Besch 1980: 591; Bremer 1985; Kaufmann 2009; Kamber 2009; para la Revolución Francesa cf. Furet/Ozouf 1977; Furet/Ozouf 1996; Furet/Richet 1965/66; Soboul 1965/66 y 1996; Schulin 2004; también Schlieben-Lange 1983: 64-77; Lüsebrink 1988; Oesterreicher 1990.

[2] Cf. González Ollé 1978.

[3] Cf. Oesterreicher 1992; Oesterreicher/Stoll/Wesch (eds.) 1998 y Schmidt-Riese 1997.

[4] Hay que destacar en este contexto el papel de la administración real, en especial de la *Casa de Contratación* en Sevilla y sus sucursales en el Nuevo Mundo; cf. Morales Padrón 1979; Brendecke 2009.

[5] Con respecto a las consecuencias destructivas de este proceso para las culturas indígenas cf. Scharlau/Münzel 1986: 94-154; cf. también Scharlau 1985; contribuciones en

La temprana época colonial, que se caracteriza por la enorme movilidad de la población, por cambios económicos y muy importantes reajustes sociales[6], es, entre otras cosas, particularmente fascinante por la información que a veces nos llega por medio de la escritura de personas que bajo circunstancias socio-culturales diferentes no habrían escrito jamás. Dichas personas se ven obligadas o motivadas, por las circunstancias en las que viven a manejar documentos escritos, a servirse de la comunicación escrita. Incluso aquellos que no saben escribir (o que apenas pueden hacerlo), recurren a escribientes o amanuenses más o menos profesionales a quienes dictan cartas u otros documentos. En este aspecto reside la especificidad antes mencionada del uso de la escritura en esta fase de la Temprana Edad Moderna: españoles de todas las capas sociales y niveles de formación, incluso personas analfabetas o apenas alfabetizadas,[7] entran, durante las primeras décadas de la colonia, en contacto con la cultura escrita de manera inevitable y permanente; recordemos sólo los trámites necesarios para conseguir el permiso de viaje a Indias.[8] Estas personas se ven obligadas a formar parte más o menos activa de la comunicación escrita y perciben que la escritura influye de manera directa en su vida e, incluso, en gran medida la determina. La comunicación escrita es, hasta cierto punto, el nervio vital de Hispanoamérica.

Resulta necesario tomar en cuenta, además, un aspecto muchas veces ignorado de este proceso: tras las décadas 'convulsas' que siguen a las conquistas, se produce en los territorios americanos de la Corona castellana una consolidación político-social, se establece una administración colonial eficaz y se 'criolliza' la sociedad.[9] Esto conduce de nuevo, ya en el último tercio del siglo XVI, a una repartición relativamente estable de la participación social en la comunicación escrita.[10]

Folger/Oesterreicher (eds.) 2005; Yánez Rosales (ed.) 2010; Oesterreicher/Schmidt-Riese (eds.) 2010.

[6] Cf., por ejemplo, Hanke 1969: 191-232; Morales Padrón 1988; también Schmitt 1986.

[7] Sólo quiero recordar que, por ejemplo, Francisco Pizarro era analfabeto y, sin embargo, firmaba los documentos redactados por sus escribanos de su propia mano; cf. Porras Barrenechea et al. 1988: 137.

[8] Cf. Chaunu 1969 y 1977; Oesterreicher 2005 y 2009; cf., también, Martínez 1998.

[9] Cf., entre otros, Céspedes del Castillo 1971; Pietschmann 1980; cf. también Schmitt 1986: 43-47.

[10] Esto es cierto también con respecto a la población indígena; cf., otra vez, Scharlau/Münzel 1986; sobre todo, Rivarola 1994, 2000a y 2009.

Los 'grandes' textos, literaria y estilísticamente ambiciosos, del descubrimiento y la conquista de América son de todos conocidos y han sido tratados, desde hace mucho tiempo, por historiadores, teólogos, sociólogos, estudiosos de la literatura, antropólogos, etnólogos, etc.[11] Pero existe también una multitud de documentos en los archivos hispanoamericanos y, sobre todo, en el Archivo General de Indias de Sevilla que, en su mayoría, no han sido aún debidamente atendidos.[12] Entre éstos se hallan no sólo notificaciones administrativas, informes oficiales o documentos jurídicos,[13] sino también cartas de justificación dirigidas a las autoridades, peticiones a la Corona, solicitudes y reclamaciones, así como una multitud de cartas que representan todo tipo de correspondencia privada.[14] La variedad comunicativo-pragmática de autores y receptores, intereses y contenidos está relacionada con los más variados tipos de textos y tradiciones discursivas, y constituye una documentación esencial para la reconstrucción de la realidad tanto político-económica como sociocultural de la época colonial temprana.[15]

Para los antiguos conquistadores, vecinos y moradores de las ciudades y pueblos recién fundados es sobre todo la producción textual jurídica la que resulta indispensable. Por medio de ella se regulan la repartición de tierras e indios, los impuestos y los derechos de propiedad. Como contrapartida surgen, desde los primeros momentos, severas quejas contra el despotismo de las autoridades; todo ello, como puede apreciarse en los textos, dentro de un clima social envenenado por pleitos iniciados por la burocracia, ciertos jurisconsultos y encomenderos.[16]

[11] Aquí las historias de la literatura facilitan las respectivas informaciones; cf. también la serie *Crónicas de América* que se edita desde 1984 en la editorial madrileña *Historia 16*.

[12] En torno al *Archivo de Indias* cf., en especial, Frago Gracia 1987; también Brendecke 2009.

[13] Cf., sobre todo, las colecciones DII 1864-84 y DIU 1885-1932; Porras Barrenechea 1944; Konetzke 1953; también Morales Padrón 1979.

[14] Cf., por ejemplo, Porras Barrenechea 1959; Otte 1988; cf. también Lope Blanch 1985; Cano Aguilar 1991a: 143-158; Oesterreicher 2004b; Fernández Alcaide 2009.

[15] Cf. contribuciones en Folger/Oesterreicher (eds.) 2005; Oesterreicher 2005 y 2009; Garatea Grau 2010.

[16] Cf. la *Real Cédula* del 6 de septiembre de 1521 (para Cuba) y la *Real Cédula* del 26 de julio de 1529 (para Perú), editadas por Konetzke 1953, no. 34 y no. 63.

2. Los *semicultos* toman la palabra – la 'competencia escrita de impronta oral'

A continuación nos centraremos en un sector de la producción textual hispanoamericana, a saber, en los textos historiográficos, en un sentido amplio del término. La escritura de la Historia –de una manera explícita y consciente– fue en aquel entonces tarea de historiadores humanistas y cronistas de convento, también de secretarios y oficiales. Por otra parte, existen textos que, aunque escritos con otros fines que los históricos, contienen valiosísima información en este sentido. Tal es el caso de los documentos escritos por funcionarios, escribanos o incluso personas privadas, en los cuales se describen acontecimientos o situaciones, se reclama justicia, se elevan peticiones, o simplemente se mantiene informadas a las autoridades o instituciones. En el caso del discurso historiográfico, como en otros tantos, las fronteras textuales se tornan especialmente borrosas en América.[17] Escribir la Historia con el fin de atesorar un conocimiento ha sido un fin primordial, que, sin embargo, se ha entremezclado con otros fines más o menos prácticos. Además de ello, los límites entre documento oficial y texto historiográfico tampoco son claros: muchos autores escribieron no porque hayan querido historiar hechos, sino porque debían o querían 'dar información' de lo visto y sucedido.

Las denominaciones que con más frecuencia encontramos dentro de este amplio dominio discursivo son *carta*, *relación*, *crónica* e *historia*, en cierta medida también *tratado*, *comentario*, *memorial*, *advertencia*, *juicio de residencia*, *información* o *carta relación*, *relación* o *información de méritos*, etc.[18] Algunos de estos textos son denominados por sus propios productores; otros muchos han sido intitulados *a posteriori* por lectores, recipientes, archiveros, editores o estudiosos.

A los autores de estos textos se les puede denominar, por lo general, con un término introducido por la investigación alemana de la producción textual: se trata de *Schreibexperten* ('expertos en la escritura') a diferencia de los *Schreibnovizen* ('novicios de la escritura').[19]

[17] Cf. varias contribuciones en Schmidt-Riese 2010.

[18] Cf. Griffin 1971; Wilgus 1975; Mignolo 1982; Esteve Barba 1992; Morales Padrón 1990. Para el Perú véase, por ejemplo, Carrillo Espejo 1987 y 1989; Stoll 1995 y 1998.

[19] Para las investigaciones en la producción textual en general cf. Beaugrande/Dressler 1984; Antos/Krings 1989; Eigler 1994; Oesterreicher 2009.

Si observamos la producción textual colonial, salta a la vista que en la primera mitad del siglo XVI se dan cada vez más casos de soldados que, a pesar de disponer de una formación más o menos rudimentaria y de una escasa o nula experiencia en el oficio de la escritura, ponen por escrito o dictan[20] aquello que vivían como participantes inmediatos del descubrimiento, de la conquista y de la colonización. En ocasiones lo hacen por iniciativa propia, otras veces son aupados por autoridades civiles o eclesiásticas a dejar constancia de sus quehaceres en el medio escrito de las noticias hasta ese momento orales. Un ejemplo de ello es el caso del quinto virrey de Perú, Francisco de Toledo, quien animó a Diego de Trujillo a redactar su *Relación del descubrimiento del reyno del Perú* (1571); véase también el caso de Pedro Pizarro. Notable también es la biografía de Francisco de Aguilar, que llega a América como conquistador; más tarde se hace dueño de una venta que estaba situada entre Veracruz y Puebla en Nuevo México y, finalmente, entra a la orden de los dominicos. En la parte inicial de su *Relación*, redactada poco antes de 1571, dice escuetamente:

> "Fray Francisco de Aguilar, frayle profeso de la orden de los predicadores, conquistador de los primeros que pasaron con Hernando Cortés a esta tierra, y de más de ochenta años cuando esto escribió a ruego e importunación de ciertos religiosos que se le rogaron diciendo que, pues que estaba ya al cabo de vida, les dejase escrito lo que en la conquista de esta Nueva España había pasado [...]." (Aguilar 1988: 161)

Estos relatos de testigos oculares, frecuentes en la época de la primera y segunda generación de conquistadores, apenas se dan después de la ya señalada consolidación de las estructuras socio-políticas en América.[21]

A los autores más o menos incultos y sin práctica en el manejo de la escritura, que escriben o dictan textos 'historiográficos', no los llamaré *novicios de la escritura*, sino *semicultos*, un término empleado desde hace mucho tiempo con cierta frecuencia, sobre todo en la lingüística e historiografía social y cultural italianas (*semicolti*).[22]

[20] A diferencia de los escribanos oficiales, los redactores de estos textos se denominan *amanuenses* o, en ocasiones, *pendolistas*.

[21] Cf. Oesterreicher 2005 y 2009; Greußlich 2011 (en prensa).

[22] Véase, por ejemplo, Bruni 1984, quien menciona explícitamente a los *semicolti* en los títulos de dos capítulos de su obra *L'italiano. Elementi di storia della lingua e della cultura*:

Si consideramos que aquellas formas de verbalización que corresponden a las exigencias de la escrituralidad pertenecen al ámbito de la 'distancia comunicativa' y aquellas que corresponden a la oralidad pertenecen al de la 'inmediatez comunicativa',[23] podemos caracterizar la producción textual de los semicultos, en una primera aproximación, de la siguiente manera: a diferencia de los *expertos en la escritura*, en la comunicación escrita de los semicultos aparecen determinados elementos y procedimientos que se asemejan a algunos rasgos fundamentales de la lengua hablada. Es decir, que estos autores escriben, en cierta medida, 'como hablan'.[24]

A continuación me ocuparé de presentar algunos rasgos específicos de la escritura cercana a la oralidad concepcional. Con ello se dilucidará en qué consiste el concepto 'competencia escrita de impronta oral' que he defendido en varias ocasiones.[25] Además, se comentará la importancia que los textos de los semicultos tienen para numerosos aspectos tanto de la investigación lingüística como de la historia de los géneros textuales. Más adelante –en los apartados 6, 7 y 8–, el análisis de un pasaje del texto de Alonso Borregán servirá para ilustrar los aspectos antes mencionados.

1. Desde la perspectiva de la producción textual pueden apreciarse en los documentos escritos por los semicultos rasgos pragmático-textuales, sintácticos y semánticos que resultan de un proceso de escritura que no cumple de manera debida con las exigencias de la verbalización propias de la comunicación escrita y en el cual apenas se aprovechan las posibilidades que ésta ofrece (planificación, correcciones, acceso a un saber externo, etc.). Los rasgos mencionados son, en parte, huellas de un proceso de formulación deficiente que, independientemente de la lengua histórica utilizada, indica problemas de adecuada referencialidad, de orientaciones deícticas intra- y extratextuales y en el uso adecuado del contexto situativo o cognos-

cap. IV: *La lingua selvaggia. Espressione e pensiero dei semicolti* (144-196) y cap. X: *I semicolti: testi e testimonianze* (401-433); cf. también Mocciaro 1991; cf. Oesterreicher 1992, 1994a y b.

[23] Acerca de los conceptos de 'inmediatez comunicativa' y 'distancia comunicativa' cf., sobre todo, Koch/Oesterreicher 2007; Oesterreicher 1996a y 2004a.

[24] Esta situación no debe confundirse con la regla estilística 'Escribo como hablo' y con el concepto 'llaneza'; cf. Gauger 1986; Bader 1990; Stempel 2005.

[25] Oesterreicher 1992 y 1994a.

citivo. Estos rasgos de la escritura de impronta oral son de carácter universal.[26]

2. Por lo general, los semicultos poseen sólo una vaga idea de las exigencias que imponen los géneros textuales en cuanto a la selección de determinadas variedades y al empleo de ciertas estructuras textuales. Con frecuencia, no utilizan la variedad que es de esperar, es decir, la variedad más o menos ejemplar de la lengua histórica, sino otras formas propias de registros diafásicos bajos, o que se constituyen como marcas jergales y/o dialectales.[27] Este hecho permite que aparezcan en los niveles fónico (y gráfico), morfológico, sintáctico y semántico rasgos afines a la oralidad que nos posibilitan acercarnos a las variedades del español hablado en la América colonial. En este sentido los textos contienen informaciones valiosas para una lingüística variacional histórica y para la historia de la lengua. Por otra parte, en textos de autores semicultos se aprecian también tendencias claras a la hipercorrección y a la 'estereotipia', fenómenos que tenemos que identificar y caracterizar como casos de un intento de formalización discursiva.[28]

[26] Koch/Oesterreicher 2007: 70-184.

[27] Por lo tanto pertenecen al ámbito de la lengua hablada en un sentido amplio del término; cf. Koch/Oesterreicher 2007: 37-40.

[28] Para el concepto de formalización discursiva, cf. Oesterreicher 2011. En este sentido resulta importante tomar en cuenta una observación de Rafael Cano Aguilar quien destaca que, si bien nos encontramos ante textos no literarios (textos jurídicos o cartas privadas), que contienen enunciados de personas menos cultas o incluso están redactados por éstos, se trata de "textos escritos, propios, pues, de una situación radicalmente distinta a la del coloquio; y además, sobre todo en campos como el de la sintaxis, estos textos suelen darnos una información sobre la historia lingüística mucho más pobre: el lenguaje jurídico muestra una rigidez formularia en ocasiones extremada, y el lenguaje epistolario más 'vulgar' fue siempre realizado por escribientes instruidos en modelos fijos (de hecho cuanto más 'vulgar' es el texto, más estereotipada es su forma lingüística)" (1991: 144-145). Esta afirmación de Cano Aguilar puede corroborarse en las colecciones de textos publicados por Porras Barrenechea 1944 y 1959; Konetzke 1953; Morales Padrón 1979; Otte 1988; Wesch 1993; Fernández Alcaide 2009. Los textos 'historiográficos' de los semicultos, por razones obvias, *no* entran dentro de los textos mencionados por Cano, ya que los autores, en su narración de los acontecimientos, no pueden fundamentarse en tal rigidez formularia. Sin embargo, los textos jurídicos y las cartas privadas son también importantes para nuestra investigación ya que nos sirven de 'corpus de control'; cf. también Metzeltin 1994.

3. Desde la perspectiva de las tradiciones discursivas, los textos muestran significativas desviaciones y modificaciones de las normas de los géneros textuales *carta*, *relación*, *crónica*, etc.[29] Esta difuminación de los perfiles específicos de las tradiciones discursivas puede apreciarse con facilidad en numerosos textos de semicultos y va más allá de los ya mencionados problemas en relación con la delimitación de los diferentes géneros entre sí.[30]
4. En cuanto al contenido, debemos destacar que en los textos de los semicultos son tematizados acontecimientos y situaciones que no se suelen tratar en la historiografía de altos vuelos y pretensiones literarias. Así, el 'recuerdo inocente' de los semicultos puede llevarnos a 'corregir' o ampliar algunos detalles de nuestro conocimiento histórico.[31]

3. Alonso Borregán y las guerras civiles en el Perú

Borregán, sobre cuya vida sabemos sólo a través de su crónica, fue uno de los conquistadores de segunda generación, es decir, que no pertenece al grupo de hombres que, bajo el mando de Francisco Pizarro, iniciaron la conquista del Perú tomando prisionero (16 de noviembre 1532) y matando (29 de agosto de 1533) a Atahualpa en Cajamarca. Para estos hombres, la repartición de los tesoros de oro y plata tomados el 18 de julio 1533, hizo realidad la riqueza mítica, el sueño del oro del Perú.[32] En esta ocasión, el quinto del Rey se fijó en 263 000 castellanos de oro –dicho sea de paso que ¡los historiadores consideran esta cifra demasiado baja!– y el resto se repartió entre los hermanos Pizarro, los jinetes, la infantería, Diego de Almagro y su gente y, por último, entre los ciudadanos de San Miguel.[33] A

[29] En Stoll 1995 se analiza este aspecto en la *Relación* de Pedro Pizarro; cf., también, Stoll 2002.

[30] Cf., también, Oesterreicher 2009.

[31] Cf., por ejemplo, Oesterreicher 1995, 1996b, 1997, 2004b y 2009.

[32] Este reparto fue documentado oficialmente por el escribano Pedro Sánchez.

[33] "El total de oro y plata, sumando lo saqueado y lo del rescate, resultó de un valor superior al millón y medio de pesos, más allá de todo lo visto o soñado en las Indias hasta este momento. Salvo el quinto del rey, todo fue para los de Cajamarca. [...]. Incluso modestos hombres de a pie tenían ahora fortunas que sobrepasaban lo que habían podido conseguir los capitanes en México, Guatemala o Nicaragua. Unos veinte hombres fueron tan afortunados que se les permitió volver a casa con su riqueza. La repercusión de su llegada a España no

diferencia de esos afortunados, Borregán nos muestra un lado frecuentemente olvidado de la aventura americana: el soldado oscuro y de mala suerte, que se ve obligado a llevar a cabo durante las décadas de las guerras civiles una lucha por su mera subsistencia.

Con toda probabilidad, Borregán no llega al Perú con los primeros conquistadores sino con Pedro de Alvarado, desde Guatemala en 1535, pues su crónica relata de manera muy deficiente todos los sucesos anteriores a este momento y, en ocasiones, se basa en informaciones de segunda mano. Este hecho no constituye, sin embargo, ningún obstáculo para nuestro objetivo, pues el texto que analizaremos aquí se refiere a sucesos que él mismo vivió.

El texto de Borregán se valora por tanto –cuando algún historiador se ocupa de él– como fuente de información sobre la época de las guerras civiles en el Perú.[34] Para lograr entenderlo en su totalidad, resulta indispensable el conocimiento detallado de las fases de las guerras civiles y de la pacificación posterior. Antes de abordar el fragmento del que nos ocuparemos, que relata sucesos acaecidos durante un lapso de tiempo de 15 años, conviene ofrecer una visión general de la guerra civil y presentar brevemente a sus protagonistas. Sin esta aproximación a los desastrosos disturbios ocurridos en el Perú colonial, no se podría entender, y aun menos juzgar, el texto de Borregán.

Durante la primera fase de las guerras civiles tienen lugar los enfrentamientos entre los otrora aliados Francisco Pizarro y Diego de Almagro, a raíz de la ocupación del Cuzco por Almagro en 1537. A pesar de que Pizarro había negociado ya en 1529 con el Consejo de Indias unas *capitulaciones* que le concedían derechos sobre el territorio del Perú, Almagro no las res-

tuvo paralelo, especialmente en la corona, que prontamente envió al jefe de la comitiva, Hernando Pizarro, de regreso al Perú por más." (Lockhart 1986/1987: 26); cf. también Porras Barrenechea et al. 1988: 120-131; Prescott 1986: 296-298; Innes 1975: 301.

[34] Fuentes acerca de las guerras civiles son, sobre todo, Cieza de León 1877/81; Gutiérrez de Santa Clara 1904-1929; Pedro Pizarro 1986; cf., además, los textos impresos y comentados por Porras Barrenechea 1986 y Carrillo Espejo 1989; cf. también Esteve Barba 1992. En torno a las guerras civiles en el Perú, cf. Hemming 1982; Prescott 1986: 371-505; Porras Barrenechea et al. 1988; Lucena Salmoral 1990. El problema de fondo de la lucha de los conquistadores y del establecimiento del poder, que se observa con especial claridad en el Perú, es caracterizado acertadamente por Schmitt con las siguientes palabras: "Gestützt auf die weitreichenden Vollmachten, die die Krone in den Kapitulationen ihnen verliehen hatte, übten die Anführer der Eroberungszüge in den von ihnen unterworfenen Gebieten recht selbstherrlich militärische und zivile Befehlsgewalt und häufig auch das oberste Richteramt aus, bis die Krone allmählich daran ging, die staatliche Autorität durch die schrittweise Einführung eines Beamtenapparats durchzusetzen" (Schmitt 1986: 43).

peta y ocupa el Cuzco, llevándose, además, presos a los hermanos de Francisco Pizarro, Gonzalo y Hernando. En la batalla de Abancay (12 de julio de 1537) Almagro logra vencer a Alonso de Alvarado, un aliado de Pizarro. La parte del texto de la que nos ocupamos en esta ocasión trata de una reunión entre los rivales, Pizarro y Almagro, organizada por Francisco de Bobadilla, Provincial de los Mercedarios, cerca de Mala, localidad costeña ubicada al sur de Lima, el 13 de noviembre de 1537[35] con el fin de buscar una solución diplomática al conflicto. A pesar de este intento, Pizarro y Almagro no logran limar sus diferencias y este último sufrirá, el 26 de abril de 1538, una grave derrota frente a los hermanos de Francisco Pizarro en la batalla de Salinas (cerca del Cuzco). Cuando Francisco Pizarro llega de Lima posteriormente, es demasiado tarde para impedir la decapitación de Almagro dictada en un rápido proceso por alta traición.

Desencadenante de la segunda fase de las guerras civiles es el asesinato de Francisco Pizarro el 26 de junio de 1541 por los seguidores de Almagro, llamados 'los de Chile'. El hijo de Almagro, Diego el Mozo, se convierte en caudillo de los antipizarristas. El visitador Vaca de Castro, protegiéndose ingeniosamente, logra vencer a los almagristas el 16 de septiembre de 1542 en la batalla de Chupas, cerca de Huamanga (Ayacucho). Finalmente, Diego es crucificado.

Por lo que toca a la tercera fase, en noviembre de 1542, Carlos V promulga las *Leyes Nuevas*, con las que se pretende, aboliendo su carácter hereditario, acabar con el sistema de encomiendas, es decir, con la repartición de indígenas entre los conquistadores como mano de obra.[36] Por estas y otras medidas de la Corona los encomenderos ven en peligro los frutos que la conquista les había traído a ellos y a sus familias. Gonzalo Pizarro se sitúa a la cabeza de la rebelión de los encomenderos. El primer virrey del Perú, Blasco Núñez Vela, llega en mayo de 1544 con el fin de derrotar a los conquistadores, pero comete graves errores tácticos. La Audiencia de Lima lo destituye y lo encarcela, pero él logra escapar a Quito. Gonzalo Pizarro, apoyándose en el derecho consuetudinario medieval, se nombra a sí mismo

[35] Pedro Pizarro, en su *Relación*, describe detalladamente los sucesos previos y la realización de esta reunión en el capítulo 23, titulado *De la yda de don Diego de Almagro sobre don Françisco Piçarro a la çiudad de los Rreyes y de las cosas que çuçedieron entre Piçarro y Almagro* (1986: 171-177); cf. también Prescott 1986: 377-385.

[36] Esto significa que el feudo ya no existe y que los conquistadores se quedan como meros arrendatarios de las haciendas de la Corona (*mayorazgo*).

gobernador del Perú.[37] El 18 de enero de 1546 Blasco Núñez y su ejército sufren una derrota frente a Gonzalo Pizarro; el Virrey muere en Añaquito (cerca de Quito). La Corona nombra a Pedro de la Gasca Presidente de la Audiencia de Lima y le encarga la pacificación del Perú. El 26 de octubre de 1547 Gonzalo Pizarro vence a las tropas reales, bajo el mando de Diego Centeno, en Huarina, cerca de Arequipa; el 9 de abril de 1548 Pizarro sufre una derrota frente a La Gasca en la batalla de Jaquijahuana y se queda prisionero. Tras un proceso por alta traición, Pizarro y sus oficiales son decapitados. Las *Leyes Nuevas*, sin embargo, se modifican a favor de los colonizadores en 1548. El segundo virrey del Perú, Antonio de Mendoza, llega a Lima en 1551, pero muere un año después.

A partir de este momento tienen lugar algunos sucesos que sería exagerado denominar 'guerras civiles', pero que documentan, sin embargo, cierta inestabilidad política y socioeconómica. Se trata del levantamiento de Sebastián de Castilla en Charcas en el año 1553 y de la rebelión, iniciada el mismo año, de Francisco Hernández Girón en el Cuzco, con el pretexto de apoyar a los encomenderos. Hernández Girón es vencido cerca de Pucará en 1554 y condenado a muerte en Lima.

En 1555, Andrés Hurtado de Mendoza, tercer virrey, llega a Lima. Muere en 1560. El cuarto virrey, Diego López de Zúñiga y Velasco, Conde de Nieva, llega a Lima en 1561 acompañado de los funcionarios reales Diego de Vargas Carvajal[38], del licenciado Diego Briviesca de Muñatones del *Consejo de Castilla* y del contador Ortega de Melgosa de la *Casa de Contratación*. Todos ellos disponen de poderes otorgados por Felipe II y, como señala Suárez Fernández, si bien su "misión aparente era poner algún orden en materia fiscal, [...] fundamentalmente debían encarar el problema de la sucesión en las encomiendas".[39]

De todo lo dicho se desprende que la crónica de Borregán, escrita poco antes de 1565, pertenece ya a la fase de la pacificación definitiva del Perú. Bajo Lope García de Castro, presidente de la Audiencia después de la muerte del Conde de Nieva (1564), y bajo Francisco de Toledo, quinto virrey del Perú (1569-1581), el Perú se convierte en un virreinato consolidado de la Corona española.

[37] Cf. Schmitt 1986: 44.

[38] Su título es el de *Correo mayor de Indias*, pues desempeña el papel de enviado especial de la Corona; Diego de Vargas es, además, un experto en economía; cf. Hemming 1982: 475.

[39] Suárez Fernández et al. 1982: 528; el problema de la encomienda se discute también bajo la denominación de "la lucha por la perpetuidad", cf. Hemming 1982, passim.

4. Alonso Borregán y su crónica

El título de *Crónica de la Conquista del Perú* se debe al editor Rafael Loredo, si bien el mismo Borregán se refiere a su texto exclusivamente como *corónica*. Antes de la presente edición, sólo contábamos con la de Loredo, basada en el único testimonio disponible, un manuscrito que se guarda en el *Archivo General de Indias* en Sevilla (Sección Patronato, Legajo 90 B, número 1 ramo 54).

Utilizo aquí, claro está, la nueva transcripción presentada en esta ocasión por las dos editoras, resultado de una colaboración intensa; todos los ejemplos que se citan a lo largo de esta introducción están tomados de esta nueva edición. Las editoras dan una descripción detallada del manuscrito, de las normas de transcripción, de las diferentes manos, etc.[40] Además toman en consideración estos aspectos externos del documento para reflexionar sobre sus implicaciones para un análisis diplomático del texto.

En su transcripción, las editoras siguen los principios de una edición diplomática que procura respetar al máximo el texto original. Como existe sólo un manuscrito, se trata de dar una transcripción que reproduzca con alta fidelidad el escrito con todos sus errores, particularidades y contradicciones. Pero tampoco es posible una "riproduzione a stampa di un esemplare manoscritto" como Balduino (1989: 39) lo exigió. Hay demasiados aspectos que requieren una interpretación de las editoras, aunque su intervención, en efecto, pretende se ser mínima. Entre otros, requieren una cierta regularización el uso de las mayúsculas y minúsculas así como los signos de puntuación. Todos estos puntos se explican más detenidamente en el apartado 3 del "Análisis diplomático y discursivo".

* * *

[40] El tipo de escritura es una forma de la procesal cursiva que en este párrafo es bastante legible. Sin embargo, la lectura del manuscrito se suele complicar enormemente, puesto que muchas veces se trasluce lo escrito en la otra cara. – Para la paleografía española cf. sobre todo Muñoz y Rivero 1970; Real Díaz 1970; Millares Carlo 1983; Cortés Alonso 1986; cf. también las observaciones en Fernández Alcaide 2009.

Según nos permite comprobar el manuscrito, Borregán dictaba su texto a un escribiente. Sin embargo, casi al final, en el folio 50r, línea 28, comienza a escribir él mismo al tiempo que informa:

(1) Y porque me a faltado un mozo que mesçrevia ba esto de mi letra (fol. 50r)

Obviamente, Borregán sabía escribir. Él mismo nos cuenta que había perdido el pulgar de la mano derecha en un asalto de "negros fuxetibos" (fol. 1r) a su granja y que, a consecuencia de una enfermedad misteriosa que le sobrevino en Huarochirí, perdió la vista de un ojo.[41] Si se toma en cuenta, además, el bajo nivel de formación del que disponía el autor, un simple soldado y vecino de Trujillo, resulta sorprendente la letra con la que Borregán puso por escrito el final de su obra (un poco más de una cara de folio). Se trata, como puede apreciarse, de una letra legible que deja percibir cierta práctica en el manejo de la escritura. Si bien se puede suponer que el mundo de la escrituralidad no le resultaba familiar a nuestro conquistador, la petición formulada en el último párrafo y dirigida a Felipe II denota que se trata de un 'autor' no sólo convencido del valor de la palabra impresa, sino también sorprendentemente seguro de sí mismo:

(2) esta gloria suplico a su majestad o[mi]lmente y como omilde
y çierto sudito sea yo faborescido y anparado con justiçia
y esta coronica se mande enprimir y se me de a mi esta gloria
(*y*) de coronista prencipalmente y mas a ning*u*no y cierto y primero que la di y declare y en todo pido m*e*rç*e*d (fol. 51r)

De la *Crónica* de Borregán afirma, con razón, Francisco Esteve Barba en su *Historiografía indiana* (1992) que "es difícil de leer en su transcripción paleográfica" y expresa que "de desear sería una versión modernizada, puntuada y acentuada correctamente en lo posible, procurando sorprender el sentido exacto de las frases" (1992: 485 s.).

Vamos a ver, sin embargo, que esta meta es difícil de alcanzar. La incomprensibilidad de algunos pasajes de la obra no puede ser remediada pues se debe a la incapacidad del autor de respetar las estrategias consti-

[41] Es también posible que Borregán haya mentido con respecto a esta enfermedad para no verse obligado a participar en alguna campaña.

tutivas de una comunicación escrita lograda: el conquistador no supera su competencia de fuerte impronta oral y no es capaz de cumplir con las exigencias discursivas de un texto historiográfico. En este sentido, su crónica es, en último término, el documento de un fracaso.[42]

5. Pizarro y Almagro se reúnen cerca de Mala (13 de noviembre de 1537)

Tanto en la edición de Rafael Loredo como en la corta transcripción de Raúl Porras Barrenechea[43] se encuentran muchísimos casos de regularizaciones de grafía no justificables, errores que distorsionan el sentido, omisiones, adiciones no indicadas y varias 'correcciones'. Por esta razón, el pasaje que presentamos sigue las severas pautas de la nueva transcripción y puede dar, además, una primera idea de la textualidad de la crónica de Borregán.

[fol. 24r]

– Bino almagro a berse con el gouernador piçarro al balle
de mala y traxo a diego de aluarado y a otros caualleros consigo /
– Fue el gouernador picarro a berse con el lleuo consigo a vn
rr*odrig*o de chaues y otro rrodrigo de chaues su primo y a vn godoy

[fol. 24v]

y a otros caualleros / y de endustria o quel mesmo gouernador lo mandase o que sus capitanes lo hiçiesen sin su sauer enviaron treinta o quarenta soldados arcabuçeros que estubiesen en celada y estando los dos gouernadores juntos saliesen de presto y prendiesen almagro / abisaron
almagro de los questauan con piçarro que lo querian
prender y dizen que fue godoy y amosaronle la gente

[42] Esteve Barba lo formula en cierta medida positivamente, al referirse a una crónica "cuya fundamental rusticidad aleja la idea de que bebiera en fuente escrita alguna" (1992: 485).

[43] En la edición de Loredo 1948, la parte aquí citada del texto se encuentra en las páginas 45-48 y en la de Porras Barrenechea 1962 en las páginas 221-222.

questaua escondida para haçerlo y caualgo en su cavallo que se llamaua motilla que andaua treinta leguas en vn dia y boluiose al ualle de chincha el y sus amigos bien escandalicado de la traiçion no se hiço nada /

– Fuimos al ualle de mala toda la gente con el gouernador picarro y otro dia al tendillo de navarro y alli descansamos dos dias y nos fuimos de alli haçia el valle de guherio y valle de lunagu//a//na /

– En el camino del costa en vn arenal aconteçio (*el*) //vn// desastre y muerte de vn desdichado hombre que se llamaua montenegro que sobre vna galga trauo palabras con v*n* nuno de chaues porque el vno deçia que hera suya y el otro la defendia tanbien por suya y auiendo malas palabras oyolo rrodrigo de chaues su primo del nuño de chaues y arremetio con su cavallo haçialla y hecho mano a la espada y dale por detras vna cuchillada al montenegro que dio con el muerto en el suelo y le corto la cabeça endinose todo el rreal contra el ellos desterrolos el gouernador que se fuesen del rreyal a la çiudad de los rreyes

– No faltaron muchos sus devdos de aquellos chaues estremeños que dixeron que no se voluiesen que bastaban ellos para todo el rreal y para toda la tierra /

– Auia quitado el cargo de corregidor de la ciudad de los rreyes a diego de godoy y dadole al licençiado carauajal hermano

[fol. 25 r]

de hillan juarez de carauajal fator de v*uest*ra mag*est*ad que yba [alli tanbien endinose tanto toda la gente del rreal e hiuan todos habando de la muerte de aquel honbre fuimos a dormir entre vnos çerros de arena a bista del guarco y por meter coraxe a la gente que yuan tristes por lo acaheçido dieron arma que benia almagro sobre nosotros de endustria

– Y de alli nos fuimos al ualle y nos pasamos de largo y passamos el rrio de lunaguana y a la voca del harenal açia chincha asentamos rreal en vnas fuentes e alli estaua /

– Y acordaron y aconsexaron al gouernador piçarro que se conçertase con almagro y se tubiese manera como se soltase ha herna*n*do piçarro /

– Entrebino en el conçierto fuenmayor y el licençiado de la gama y vn padre vouadilla prouinçial de la merçed fue el conçierto que se soltase a hernando piçarro y se fuese a españa y lleuase poderes de entranvos a dos gouernadores y el oro y plata questaua en chincha el tesorero rriquelme que se auia traydo de chile y allaron en el cuzco y que se diese almagro nauio para que enviasen a españa sus rrecavdos y que se pusiese en el cuzco vn corregidor por su mag*estad* que no acudiese algun gouernador de los dos sino que rresidiese en aquella judicatud hasta que su mag*estad* pro(-)beyese de vna persona cavallero les partiese las gouernaçiones y almagro se fuese a las charcas y piçarro se boluiese a la çiudad de los rreyes /

– Checharon sobre si pena de çien mill pesos para la camara de su mag*estad* si este conçierto se rronpiese al que no le sustentase y quebrantase / quedaron por fiadores los capitanes de piçarro por pizarro y los de almagro por al-

[fol. 25v]

magro si no se sustentase lo conçertado /

– Tubose notiçia que benia peranzules y traia la prouision quel gouernador piçarro auia enuiado a pedir a su mag*estad* qu*e* se contenia en ella y punia pena su mag*estad* de zien mill pesos a los gouernadores piçarro y almagro y don pedro de mendoça que ninguno se entremetiesen en la tierra que qualesquier dellos tubiese poblado y paçificado hasta que su mag*estad* fuese ynformado y proueyese justiçia /

– No se cumplio ni guardo ninguna cosa ni se obedesçio aquella prouision ni el conçierto se sustento no por falta de almagro que envio a llamar a peranzules que le daria diez mill pesos para sus gastos y que le truxese la prouision para apregonarla ponerla y obedezerla

– Suelto hernando picarro y bisto tanta gente y toros de su patria los mas y tan buen aparejo acordose otra cosa *en*biaron a fuenmayor a la çiudad de los rreyes y al padre vouadilla y dan a cada vno dellos mas de quinçe mill pesos porque no descubran nada de aquel conçierto todos los vezinos que alli estauamos de la çiudad de los rreyes y trujillo y samiguel y puerto biejo y quito nos peso de no sustentar el conçierto ni obedezer la prouision

– (-) Çesaria mag*estad* si alli vbiera cavalleros temerosos de dios y de sus concençias que nos fauoresçieran a los vezinos y metieran paz y tomaran a hernando picarro y le trujeran a la çiudad de los rreyes y al gouernador su hermano y les hiçieran que sustentaran el conçierto y ovedezieran v*uest*ra prouision y deshiçieran aquel rreal y ansimismo tomaran almagro y le trujeran juntamente preso y a su gente la enbiaran a do estava conzertado a los charcas se hiçiera mui gran seruiçio

[fol. 26r]

a dios y a v*uest*ra mag*estad* ni oviera auido muertes de honbres y rrouos a pobres ni rrebiliones tiranos ni alborotos ni destruiçion de aquel rreyno ni porque v*uest*ra mag*esta*d le enganan sus menistros y no le tratan verdad en poner otras cosas y dezirle mentiras desto y de todo lo que yo dire por escrito yo dare bastante ynformaçion que v*uest*ra mag*estad* (*le destierre*) castigue y enmiende todos estos males passados y ponga rremedio en lo porvenir

– Y que no bengan a pedir de comer a v*uest*ra mag*esta*d pues an desseruido y no seruido a dios ni a v*uest*ra mag*esta*d y porque v*uest*ra mag*estad* bea que dios nuestro señor no consiente que a los menistros que v*uest*ra mag*estad* al peru ynbia no quieren castigar ni enmendar todos estos males ni abisar a v*uest*ra mag*estad* de la verdad sino deshazerme a mi y maltratarme y vltraxarme porque v*uest*ra mag*estad* no me de credito mire la muerte del marques de canete murio de tosigo que le dieron y diego de bargas estremeño que se mostro mui mortal enemigo //mio// murio de camaras

y se descubrio sus ladroninçios y el conde de nieba
arguyendome susçediades y maldades por consejo
de vn obispo murio abentestate y sin confision
mala muerte por lo qual a v*uest*ra mag*estad* encargo
su concençia y rrequiero de p*ar*tes de dios y por v*uest*ra
ynperial corona se aberigue toda la verdad sobre mis
negoçios y a los que contra mi an depuesto mande
su mag*estad* castigar (*z*>)seberamente por justiçia allando
aver jurado falsso contra mi o a mi si obiere delinquido o ofendido por el consiguiente porque
si esto su mag*estad* premite y su mag*estad* no haçe ab//e//riguar

[fol. 26v]

y saber y a mi se me de fauor que no me maten a los
que toca este negoçio y se me de socorro para mis gastos pues me quito el conde de nieba e munatones la
merçed que v*uest*ra mag*estad* me dava de lo questa sacrestado
de los ladroninçios de munato(*s*)nes /

6. La escritura de impronta oral: aspectos universales

Cuando los semicultos escriben, se aprecian en su producción textual determinados fenómenos semánticos, sintácticos y pragmático-discursivos que no corresponden a las exigencias de verbalización y de formulación propias de la comunicación escrita. En una situación que corresponde realmente a la inmediatez comunicativa, estos fenómenos no ponen necesariamente en peligro la comprensión mutua, pues la misma situación hace posible, o incluso exige, procedimientos de verbalización motivados por la confianza de los interlocutores, su relación con una determinada situación externa, los conocimientos compartidos, etc.[44] Por el contrario, en la comunicación escrita los fenómenos en cuestión se convierten en deficiencias, pues impiden la comprensión de los textos. A continuación comentaré algunos aspectos del texto de Borregán que reflejan esta situación.

[44] Cf. Koch/Oesterreicher 2007: 25-42.

6.1. Lo dicho adquiere especial importancia desde una perspectiva discursivo-pragmática. La *Corónica* de Borregán no está dotada de la coherencia e informatividad necesarias para la comunicación escrita. La progresión semántica y el desarrollo del tema dejan mucho que desear. Borregán cambia la perspectiva de la narración (desde la línea 90; también en 114), rompe la coherencia temporal (90-106), y salta bruscamente tanto entre temas como entre lapsos temporales (101). La estructuración del texto es, asimismo, deficiente: las referencias internas son, en muchas ocasiones, muy vagas y contradictorias (77-89); digresiones y comentarios interpuestos sin valor informativo –como, por ejemplo, las precisiones sobre el caballo de Almagro (14 s.; 21-42 y 35-38)– impiden la continuidad del relato. Del mismo modo se producen repeticiones (29 s.; 38; 58 ss.; 73 ss.), en ocasiones difíciles de detectar (19 s.; 39-46).[45]

La indignación de Borregán por la traición de los pizarristas lo lleva a especular sobre los protagonistas de la misma (6-16). Pero concentrado en las especulaciones 'olvida' que la reunión de los dos adversarios había tenido lugar en Mala, además del hecho decisivo de que habían llegado a un acuerdo, asunto que el mismo lector tiene que inferir apoyándose en enunciados posteriores del autor (52-76). El relato del incumplimiento del acuerdo entre Pizarro y Almagro (77-89) le da ocasión para enunciar una de sus frecuentes y típicas series de insultos; se enfada con los funcionarios reales que, según él, son corruptos, incapaces y alevosos; se queja del tratamiento injusto que ha recibido e, incluso, le da consejos al rey con respecto al gobierno del Perú (90-132).

Un texto con las características aquí descritas no puede tener mucho éxito comunicativo, ya que el lector tiene que reconstruírselo 'en contra' de la presentación y estructuración deficientes que ofrece su autor.

6.2. En cuanto a la sintaxis se documentan en nuestro texto muchas características de la inmediatez comunicativa que se deben a la falta de rutina y planificación en el proceso de formulación. Obviamente hay en el texto pasajes puramente paratácticos (43-46) que se entienden bien, pero tenemos que destacar las inconsistencias en las relaciones sintácticas (52 ss.; 90 ss.; 107 ss.), los cambios no marcados de sujeto (124), los 'falsos' para-

[45] Mucho menos graves que los hechos presentados son los cambios de tiempo y modo; cf. líneas 28, 35, 85, 102-104, 105 ss., 114, 123, 131.

lelismos (99-102), los cambios de construcción, los anacolutos y las contaminaciones (30; 48; 71-74; 81; 89; 101; 109 s.). El marco de la oración se difumina en frases extremadamente largas. Imposible de comprender inmediatamente resulta, por ejemplo, la 'frase' que se extiende desde la línea 52 a la 63; véase, sobre todo, el fragmento que parte de la línea 53: *y lleuase [...] el oro y plata questaua en chincha el tesorero rriquelme que se auia traydo de chile y allaron en el cuzco*. Sólo la familiaridad con los textos de semicultos, una lectura en voz alta o la consiguiente reorganización de la estructura sintáctica nos permiten llegar a la conclusión de que el sujeto *el tesorero* ha sido extraído de la frase subordinada y que falta ante *allaron* un pronombre relativo que se refiera a *oro y plata*.[46]

En otro nivel no carecen de interés los casos de gerundios, participios e infinitivos con valor semántico poco claro a causa de una ambigüedad diatética. Por ejemplo, en las líneas 80 s.: *que le truxese la prouision para apregonarla ponerla y obedezerla*; 89: *nos peso de no sustentar el conçierto ni obedezer la prouision* donde *obedezer* tiene valor pasivo (cf. también 82 y 124). Salta a la vista que Borregán suele producir anacolutos justamente en casos de una fuerte hipotaxis que van más allá de la linearización del tipo 'base + desarrollo + desarrollo'.[47] Esto se muestra en el siguiente ejemplo, 108-112: *y porque vuestra magestad bea que dios nuestro señor no consiente que a los menistros que vuestra magestad al peru ynbia no quieren castigar ni enmendar todos estos males ni abisar a vuestra magestad de la verdad*. En comparación con los fenómenos aducidos, ciertas adiciones (cf. 12: *y dizen que fue godoy*), casos de falta de congruencia (cf. 15 s., 73 s., etc.) o segmentaciones (cf. 30, 123, etc.) tienen menos importancia, ya que, en el fondo, no ponen en peligro la comprensión.

6.3. Por lo que toca al ámbito semántico, encontramos en el texto una serie de fenómenos típicos de la lengua hablada. En primer lugar, resulta patente la escasa variación léxica: *ir, pasar, volver* y *ver* se emplean muy frecuentemente y, en ocasiones, aparecen más de una vez dentro de la misma frase (cf. 17, 19: *fuimos*; 43 s.: *pasar*, etc.). Del mismo modo, cuando Borregán relata una situación determinada, por ejemplo, el asesinato de Montenegro o la ruptura del *conçierto*, aparecen siempre los mismos lexe-

[46] Con respecto a esta problemática, cf. Oesterreicher 2008b.

[47] Cf. Koch/Oesterreicher 2007: 141-147.

mas (verbales) (cf. 29 s., 38 *endinarse*; 66, 68, 78, 89 *sustentar*). En otros casos, estas repeticiones de Borregán parecen perseguir el fin de insistir sobre un hecho mediante el empleo de secuencias casi sinonímicas (cf. 21 s.: *vn desastre y muerte*; 47: *acordaron y aconsexaron*; 65 s.: *al que no le sustentase y quebrantase*; 77 s.: *no se cumplio ni guardo ninguna cosa ni se obedesçio aquella prouision*; 99-101: *ni oviera auido muertes de honbres y rrouos a pobres ni rrebiliones tiranos ni alborotos ni destruiçion de aquel rreyno*; cf. también 81, 89, etc.). A veces simplemente dejan entrever una fuerte implicación emocional del autor, por ejemplo, en la formulación de la queja de los *menistros* del Rey. Según Borregán, éstos tienen una sola meta: *deshazerme a mi y maltratarme y vltraxarme porque vuestra magestad no me de credito* (112-114). Como meras tautologías pueden ser tratados los siguientes casos; 13 s.: *caualgo en su cavallo*; 45 s.: *asentamos rreal en vnas fuentes e alli estaua*; 102 s.: *le enganan sus menistros y no le tratan verdad en poner otras cosas y dezirle mentiras desto*; 108: *an desseruido y no seruido*, etc.

Característico del texto es además el empleo de numerosas palabras ómnibus, en especial *cosa* y *hazer*. Por ejemplo, 7: *lo hiçiesen*; 12 s.: *la gente questaua escondida para haçerlo*; 83 s.: *acordose otra cosa*; 103: *poner otras cosas*. En las líneas 15 s., el ejemplo *boluiose [...] bien escandalicado de la traiçion no se hiço nada*, con su formulación hiperbólica, documenta la expresividad típica de la inmediatez comunicativa. Nótese también la repetición de las protestas indignadas contra los *menistros* por parte de Borregán, iniciada (107) por la expresión: *y que no bengan a pedir de comer a vuestra magestad.*[48] En otros casos, su particular interés por determinados temas, por ejemplo, el de los caballos lo lleva a precisar no sólo el nombre sino incluso la distancia que la yegua de nombre Motilla recorre en un día (13-15): *y caualgo en su cavallo que se llamaua motilla que andaua treinta leguas en vn dia.* No olvidemos tampoco las muchas referencias y expresiones deícticas intra- y extratextuales imprecisas, que sin conocimiento del contexto no son comprensibles para el lector. Ofrezco sólo unos ejemplos, 11: *los questauan con piçarro*; 18: *otro dia*; 30: *contra el ellos desterrolos*, 35: *auia quitado*; 37: *alli*; 43: *al ualle*; 90: *alli*; 127: *esto su magestad premite*; 128 s.: *a los que toca*; 131: *de lo questa sacrestado*.

[48] En este sentido, sería pertinente una interpretación más detenida de las líneas 114ss: *mire la muerte* [...].

Para terminar presentaremos dos ejemplos muy típicos del estilo de Borregán que no forman parte del extracto aquí citado, pero que demuestran claramente que nuestro autor no toma en cuenta en modo alguno la perspectiva de sus lectores o recipientes. Así, se refiere indistintamente a *la muger dalcantar y la de juan osorno y la portuguesa y mi muger* (fol. 20r) sin reparar, en el caso de *la portuguesa*, en su mención previa en el texto. Especialmente ilustrativo resulta también el siguiente ejemplo: *y llegado a vn pueblo que se llama guadacheri diome tan grande enfermedad de la cabeça que se me çego este ojo con esta nube* (fol. 40r). Borregán se expresa como si los lectores pudieran identificar la referencia de *esta nube*, y prácticamente ver su dedo señalando *este ojo* – si se trata del izquierdo o del derecho es, sin embargo, una información a la que ni el lector más avezado puede acceder.

7. La escritura de impronta oral: aspectos idiomáticos de las lenguas particulares

A continuación trataremos los fenómenos más importantes en el nivel de la lengua particular, que, por tanto, forman parte de la historia de la lengua española. A diferencia de los aspectos universales que por definición se ejemplifican en todas las lenguas, aquí se trata de fenómenos históricamente contingentes e idiomáticos, *ipso facto*, específicos de la lengua española. Más concretamente, se trata del uso de variedades del español del siglo XVI en la comunicación escrita que están tanto diatópica como diastrática y diafásicamente marcadas como bajas y que, por lo tanto, comparten rasgos con el castellano hablado de la época.[49]

7.1. Acerca de los fenómenos fónicos, que se reflejan en la grafía, haremos sólo un breve comentario, ya que éstos –a diferencia de los rasgos morfológicos, sintácticos y léxicos del español del siglo XVI– han sido objeto de estudio ya en numerosas ocasiones. Debemos tener en cuenta, además, que Borregán dicta su texto y que, por lo tanto, es más que dudoso que se pueda establecer una relación precisa entre determinados fenómenos lingüísticos

[49] Para más información sobre los fenómenos tratados, véase, por ejemplo, Keniston 1937; Hanssen 1945; García de Diego 1970; Lapesa 1981; Cano Aguilar 1992 y 2004.

y variedades de la lengua. A pesar de ello, sí podemos detectar ciertos tipos de fenómenos, que merecen ser señalados:

a) Hay faltas de ortografía que carecen de relevancia en el nivel de la lengua particular (39: *habando* en lugar de *hablando* o 64: *checharon* en lugar de *hecharon*), porque se deben a una simple elisión o a la anticipación de una grafía.

b) Encontramos variantes en la grafía que no es posible relacionar con una variedad determinada, pues constituyen una práctica corriente en los más variados tipos de textos, por ejemplo, el empleo de < b, v, u > (1): *balle*; 44: *voca*; 51: *vouadilla*; 57: *rrecavdos*, etc.; compárense también el uso de las grafías < h-, f-, ø > o de < s, ss, ç, z >.

c) Otras alternancias pueden, sin embargo, constituir un reflejo de los conocidos cambios fonéticos que estaban en marcha en la época; poseen, por tanto, relevancia para la lingüística variacional y hay que prestar atención al hecho de que las grafías 'conservadoras' no representan necesariamente una fonética antigua: cf. las grafías < ss, s >, < x, j >, < ç, z, c >. Hay que ser cauteloso también al interpretar las alternancias de vocales con grafías similares. Llama la atención la presencia de, por ejemplo, *punia* (71), *confision* (119), *menistros* (102, 110), etc. Otros fenómenos, como las formas *premite* (127) y *endinar* (29 s., 38), sí pueden ser calificados como cercanos a la lengua hablada, pues no aparecen en textos de escritores con más pericia.[50] Es interesante, sin embargo, que también en los textos de Santa Teresa encontremos estos fenómenos que Don Ramón Menéndez Pidal califica de *estilo ermitaño*.[51]

7.2. El ámbito de la morfología presenta, en general, pocos fenómenos llamativos: la forma del plural *qualesquier* (*dellos*) (74) y la construcción distributiva *entranvos a dos* (*gouernadores*) (53 s.) son frecuentes en el siglo XVI; por el contrario, las formas atemporales *dizen que* (12) o *diz que*, en la segunda mitad del siglo XVI, sí pueden ser consideradas como anticuadas y como marcadas diastrática y diafásicamente. Lo mismo puede decirse de *nayde* (fol. 34r). No encontramos en Borregán, por ejemplo, antiguas formas del imperfecto que en la época ya llevan una clara marca diatópica o diastrática (*tenie, tinie, tinié,* etc.).

[50] Para los problemas de la correspondencia entre fonía y grafía en textos hispanoamericanos véase Cano Aguilar 1991a: 149-152; cf. también Frago Gracia 1993.

[51] Cf. Oesterreicher 2004a: 755, nota 89.

7.3. Por lo que respecta a los fenómenos sintácticos, debemos señalar los siguientes: la falta de marca para el complemento directo de persona *a Almagro* > *Almagro*, si bien este caso parece deberse a la fonética. En cuanto al uso del artículo indeterminado (4 s.: *vn rrodrigo*; 5: *vn godoy*, etc.), se trata de una estructura usual en la época para presentar a nuevos personajes, mientras que, para referirse a personas ya introducidas, se usaba el artículo determinado (28: *al montenegro*, etc.). También era completamente 'normal' la ausencia de la conjunción subordinante *que*, por ejemplo *saliesen de presto* (10), *su magestad probeyese de vna persona cavallero les partiese las gouernaçiones* (60 s.) o *rrequiero [...] se aberigue* (121/22).[52] Por el contrario, construcciones del tipo *oyolo rrodrigo de chaues su primo del nuño de chaues* (26) o *no faltaron muchos sus devdos* (32), sí se deben considerar diastráticamente marcadas como bajas. En cuanto a los pronombres en función de objeto, en el siglo XVI la procedencia regional del emisor juega un papel decisivo en la alternancia de *le* y *lo* acusativo masculino singular. Nuestro texto muestra, posiblemente determinado por el hecho de haber sido dictado, evidencias contradictorias que no coinciden con la 'regla', según la cual los castellanos tienden a un fuerte leísmo (emplean *le* para persona y cosa), mientras que el empleo de *lo* indica procedencia meridional u oriental, y las regiones restantes de España emplean *le* para personas y *lo* para cosas (cf. 11, 36, 92, 96).[53]

Quiero comentar brevemente dos aspectos del sistema verbal, que sufren una reestructuración en el siglo XVI.[54] Tanto en las historias de la lengua como en las gramáticas históricas del español generalmente se destacan, entre otros, dos fenómenos característicos de la época. Por una parte, que, junto al valor pasivo de la construcción reflexiva con *se* (*pasiva refleja*) se va constituyendo un valor llamado *impersonal*.[55] Por otra, que el valor de *pluscuamperfecto de indicativo* de las formas en *-ra* se pierde a favor de un valor de *pasado simple*, siendo el valor de antepasado expresado desde entonces por medio de formas compuestas.[56] Por regla general, estos

[52] Para la asíndesis y la relación entre oraciones en general, véanse, Stempel 1964; Raible 1992; Koch 1995.

[53] Cf. Keniston 1937: 64-70.

[54] Cf. Keniston 1937; Hanssen 1945; García de Diego 1970; Eberenz 1983; Luquet 1988; Wesch 1993: 257-265; Schmidt-Riese 1998.

[55] Cf. Cano Aguilar 1992: 246; Girón 2004.

[56] Cf. Keniston 1937: 415.

cambios se mencionan sin profundizar en sus causas o motivaciones. También en nuestro texto se encuentran ejemplos interesantes de estos fenómenos:

(a) El nuevo valor pseudo-reflejo, comúnmente denominado *refleja impersonal*, aparece en *como se soltase ha hernando piçarro* (48 s.), *que se soltase ha hernando piçarro* (52), *y se descubrio sus ladroninçios* (117). Los siguientes ejemplos ilustran cómo se va relajando paulatinamente la cercanía sintáctica entre el verbo reflexivo con *se* y su correspondiente sintagma nominal: *que se diese almagro nauio para [...]* (56), *que se pusiese en el cuzco vn corregidor* (57 s.), *se hiçiera mui gran seruiçio a dios* (98 s.).

(b) Con respecto a las formas en *-ra* se documenta en Borregán un uso discursivo ya anticuado en su época pues construye una frase condicional introducida por *si* con trece (!) formas verbales simples *vbiera, fauoresçieran, metieran, tomaran, trujeran, enbiaran*, etc. (90-97), en vez de las compuestas. También en la apódosis aparece la forma verbal *se hiçiera* (98); sólo la forma *ni oviera auido* (99), coordinada con *hiçiera*, marca, al final, el valor del irreal del pasado. En otras palabras, Borregán todavía se sirve de las formas sintéticas *vbiera, fauoresçieran*, etc. para referirse a aquellas situaciones denominadas *past contrary-to-fact*.[57]

Quisiera aquí defender la hipótesis, aunque no pueda comprobarla por el momento, de que si comparamos sistemáticamente textos de perfiles concepcionales diversos –utilizando los textos de los semicultos como corpus de control– podemos acercarnos, o incluso quizás resolver, el problema de la explicación de los dos cambios del sistema verbal mencionados. Un primer análisis, si bien no representativo, y la comparación con un corpus de tales características evidencian una frecuencia notablemente mayor de la *refleja impersonal* en la producción textual de impronta oral, la de los semicultos. En cuanto a la forma en *-ra*, podemos deducir, por el contrario, que la estricta diferenciación entre las construcciones del tipo *past contrary-to-fact* y *present contrary-to-fact*, sin duda, tiene su origen en la producción textual que pertenece al ámbito de la distancia comunicativa.

7.4. Con respecto al léxico nos limitaremos a apuntar algunos detalles. Por ejemplo, casos hoy llamativos, o incluso incomprensibles, como las palabras *amosar* (12) 'informar, avisar', *(morir de) camaras* (116) 'morir de

[57] Cf. Keniston 1937: 415.

disentería', *abentestate* (119) 'sin testamento' o *sacrestar* (131) 'confiscar', etc. son corrientes en el siglo XVI y por lo tanto insignificantes para la lingüística variacional. Por el contrario, tienen relevancia para el estudio de la variación lingüística de la época otros elementos léxicos usados por Borregán que forman parte de la jerga militar, por ejemplo, *hazer gente* 'formar tropas o ejércitos' o *dar en, entrarles*, etc. 'atacar'. El verbo *ayllar* constituye un peculiar peruanismo que Borregán emplea en ocasiones y que, presumiblemente, formaba parte de la jerga de los encomenderos que estaban en contacto con sus indios, pues se deriva de la palabra quechua *ayllo* 'lazo': *los hindios le ayllaron el cauallo y le ataron las manos y los pies [...] ahillaron a diego de aguero y a su caballo* (fol. 19r/v). También aparecen algunos 'errores', por ejemplo, *ladroninçios* (fol. 26r) y *susçediades* (fol. 26r), que se explican perfectamente por el bajo nivel cultural del autor (o del mozo), así como otros motivados por la etimología popular, por ejemplo, *montiplicar* (= *multiplicar*) (fol. 45r).

En general, también la investigación sistemática del léxico de los textos de diversa índole concepcional constituye un *desiderátum*, y una tarea urgente, de la lingüística variacional diacrónica y la historia de la lengua.[58]

8. La escritura de impronta oral y las tradiciones discursivas

Es lícito suponer que los semicultos que se dan a la tarea de redactar textos historiográficos conocen relaciones o crónicas, ya sea por propia lectura o por haberlas escuchado leer.[59] Sin embargo, tienen tan solo una vaga idea de las normas discursivas propias de los diferentes tipos de textos del género historiográfico. Este hecho se constata en Borregán de una manera clara. En su crónica faltan elementos constitutivos de dicho tipo de texto, por ejemplo, tanto una dedicatoria como una introducción. Del mismo modo, no divide su texto en capítulos con sus respectivos títulos.[60]

[58] Cf. Eberenz 1990/1991; además los respectivos diccionarios: Covarrubias 1987 ó 1979; *Diccionario de Autoridades* 1963; Friederici 1960; Boyd-Bowman 1971; cf., también, Oesterreicher 1998, 2008a y 2011 (en prensa).

[59] En algunos (pocos) casos parece influir también el conocimiento de los libros de caballería. Cf. Stoll 1997: 87-110.

[60] Como ejemplo de tal estructuración, puede servir el título del capítulo 23 de la *Relación* de Pedro Pizarro cotado en la nota 35.

En Borregán se pueden reconocer, sin embargo, las ansias de alcanzar un nivel estilístico elevado, por lo cual recurre al empleo de usos del lenguaje administrativo-jurídico (cf. *otrosí mandamos y ordenamos* etc.), elementos usuales, por otras razones, también en otros textos historiográficos. Lejos de 'mejorar' su texto gracias al empleo de estos elementos, en muchas ocasiones, su repetición (sobre todo, el del deíctico intratextual *dicho, dichos*, etc.) y el intento de describir situaciones complejas conducen a reformulaciones monótonas de lo que ya se ha dicho y producen oraciones a veces monstruosas (cf. 6.2 y 6.3).

Es evidente que, desde una perspectiva pragmático-discursiva, los cambios de niveles de descripción y de sentido en el texto de Borregán, las omisiones y contradicciones, las digresiones, repeticiones y descripciones de detalles irrelevantes, no están en sintonía con el discurso historiográfico. Borregán distorsiona el tiempo de la narración a su gusto, cambia de asunto, menciona sin motivo los temas más diversos e incluye obstinadamente en su relato referencias a su propia suerte y a las injusticias que creía sufrir.

Si bien en el caso de una *relación*, es decir, un relato de acontecimientos vividos, está justificada la implicación del mismo autor e, incluso, una perspectiva más o menos tendenciosa, una *crónica*, y aun más una *historia*, exigen una narración objetiva y distanciada.[61] Una *relación* no admite el tratamiento obsesivo de ciertos temas, como p.ej. las infinitas veces que subraya Borregán su fiabilidad como cronista.[62] También exige reiteradamente la impresión de su obra para asegurarse la fama que –según él– merece (cf. fol. 15r, fol. 41r, fol. 51r). Lo mismo pasa con respecto a la incapacidad, la falsedad y el despotismo de los funcionarios reales, que al parecer lo tratan a él con especial injusticia. Explícitamente ataca a Diego de Vargas (116: *mui mortal enemigo mio*) y al licenciado Briviesca de Muñatones, pero incluso al virrey, el Conde de Nieva (129-132). El recuerdo de unas yeguas confiscadas sin indemnización incita su ira una y otra vez. En diversas ocasiones insulta a *vascos, extremeños y andaluzes*. Además, lo hemos visto, suele dar a la *Real Majestad* consejos relativos al gobierno del Perú (cf. fols. 3r ss., fol. 25, fol. 29r, fol. 40v, fol. 41r, fol. 42v).

La parte final del fragmento aquí analizado permite hacerse una idea de los saltos que da Borregán de un tema a otro, comenzando con la idea de un

[61] Cf. Mignolo 1982; sobre todo, Stoll 1997 y 1998.

[62] De hecho se considera a sí mismo como el único cronista que relata las cosas "como sucedieron".

gobierno agradable a Dios y al rey, pasando a los oficiales difamatorios y terminando con las injusticias que él mismo sufría (107-132). Las palabras claves son aquí las *susçiedades* y los *ladronincios* cometidos por sus enemigos que le arruinan sus *negoçios*, como también los 'gastos' que reivindica del rey. Además, denuncia a algunos sospechosos del asesinato por envenenamiento del Marqués de Cañete (114 s.) y formula los más graves reproches de corrupción (83-86). Él mismo se ve perseguido y teme por su vida (128). Para él es evidente que los *cavalleros temerosos de dios y de sus concençias*, que desea ver como gobernadores del Perú, favorecerían a los vecinos como él (90 s.).

Por todo lo dicho ha de admitirse que la *corónica* de Borregán, además de caracterizarse por incluir pasajes muy personales y por sus múltiples deficiencias lingüísticas (cf. los apartados 6 y 7) –dos rasgos que van en contra de las normas del discurso historiográfico–, incluye también elementos propios de otros tipos de texto: ciertos pasajes se acercan claramente a la 'queja', la 'denuncia' y la 'petición'.

Como hemos visto, el discurso historiográfico en el siglo XVI da cabida, hasta cierto punto, a la individualidad de los autores. Este hecho se convierte, en el caso de un semiculto como Borregán, en un problema, pues su estilo es poco expresivo, monótono y, en ocasiones, pretencioso. El contenido también es confuso. Esta consideración es importante porque tanto los fenómenos universales como los relacionados con la lengua particular, relevantes en el marco de una descripción de la competencia escrita de impronta oral, no tienen por qué producir *necesariamente* este efecto. Casi todos los rasgos lingüísticos que caracterizan el texto de Borregán, pueden encontrarse también en la *Relación* de Diego de Trujillo. No obstante, la impresión que causa este último es completamente distinta, pues se trata de un texto expresivo y espontáneo. Véase, por ejemplo, su narración del conocido encuentro entre Atahualpa y fray Vicente de Valverde el 16 de noviembre de 1532 en Cajamarca:[63]

[63] En la edición de 1953 se regularizó el texto; cito aquí de la única copia hoy conocida que es del siglo XVIII, conservada en el Gilcrease Museum in the City of Tulsa, Oklahoma. El manuscrito del siglo XVI ha desaparecido. Agradezco esta información a Eva Stoll, quien ha reencontrado la mencionada copia del siglo XVIII, cuyo rastro se había perdido.

[fol. 5r]

[...] entrado Que fue ataliba e*n* la plaça de caxamalca como no vido *christ*ianos ningunos pregunto al ynga. Que avia venido con nosotros de maricavilca y çarran. Ques destos de las baruas y rrespondio estaran escondidos y hablandole que se baxase de las andas en que venia no lo quiso hazer y entonçes con la lengua salio a hablalle frai viçente de balverde y procuro de hazelle e*n*tender al hefeto que veniamos y que por m*anda*do del papa vn hijo q*ue* thenia capitan de la *christ*iandad. Que hera emperador. n*ue*stro señor y hablando con el palabras del santo evangelio le dixo atalipa quien dize eso y el le rrespondio dios lo dize y ataliba dixo. Como lo dize dios. Y frai viçente le dixo veslas aqui escritas y entonçes le mostro vn breuiario abierto y ataliba se lo demando y miro y le arronjo como vn tiro de herron de alli diziendo. ea. ea. no escape ninguno y los yndios dieron un gran alarido diziendo. Ho. Ynga. Que quiere dezir hagase asi y el alarrido puso gran temor y entonçes se boluio frai viçente y subio adonde estaua el gobernador y dixo que haze v*uestr*a mer*çe*d que atabalipa esta hecho vn luçifer y entonces el gobernador se desnudo y tomo vn sayo de armas y vna espada y vna darga y vna çelada y con los veynte y quatro que estauamos con el salimos a la plaça y fuimos derechos a las andas de atabalipa. Haziendo calle por la gente y estandole sacando de las andas. Salieron los de a cavallo con pretales de caxcaueles y dieron en ellos

¿Cómo explicar estas diferencias? Ciertamente el estilo directo y las frases cortas contribuyen a la vivacidad de la parte citada del texto. Pero también para las partes descriptivas que relatan acontecimientos hay que constatar una diferencia notable con respecto a la áspera presentación que da Borregán.[64]

[64] ¡Imagínese sólo el episodio de Montenegro (líneas 21-34) relatado por Diego de Trujillo!

Aquí entra en juego un aspecto esencial del concepto de 'competencia escrita de impronta oral'. Si tomamos en cuenta los diferentes motivos de los autores y, sobre todo, la información mencionada en el apartado 2, puede suponerse que Diego de Trujillo tenía fama de buen narrador y que solía contar sus aventuras en muchas ocasiones; su texto provoca la impresión de haber podido 'salvar' en el medio escrito una parte de su retórica oral.[65] La vivacidad del estilo directo y la flexibilidad en el manejo del tiempo narrado, las comparaciones drásticas y expresivas (véase, por ejemplo, 17 s., 28 s., 30 s., 33 s.) hacen de su texto –en comparación con la *corónica* de Borregán– una lectura mucho más apasionante, a pesar de que tampoco responda a las normas de la comunicación escrita (véase, sobre todo, 21-24).[66]

9. La crónica de Borregán como fuente histórica

Ha quedado claro que los insultos, difamaciones y sospechas infundadas, que en parte se explican por la simpatía que Borregán siente por Almagro (cf. 78-81), ponen en tela de juicio la fiabilidad de su crónica. La parte aquí analizada del texto contiene varias pruebas de ello. Borregán acusa a los pizarristas de haber planificado de antemano la captura y el asesinato de Almagro, da crédito a los rumores referentes al supuesto asesinato del marqués de Cañete, etc. Ni siquiera cuando relata acontecimientos personalmente vividos resulta muy fiable, pues las omisiones, las imprecisiones y los cambios temáticos mencionados nos deben hacer dudar de la veracidad de lo narrado.

No obstante existen en el texto de Borregán referencias a otros asuntos, que merecen atención, claro que tampoco alcanzan para la gloria que Borregán reclama por sus méritos de "coronista primero" del Perú.

Me limito a dos observaciones que me parecen interesantes y que se desprenden también del pasaje aquí presentado. Borregán menciona situaciones que otros textos historiográficos de la época silencian, situaciones, sin embargo, que nos permiten entender mejor la historia del Perú. Me refiero a la actitud arrogante[67] de la pandilla de Pizarro, que promovía el odio ha-

[65] Para retórica cotidiana y cuentos orales cf. Stempel 1987.

[66] ¡Léase tan solo el texto de Trujillo en voz alta! Cf. Oesterreicher 2008b.

[67] Así, el episodio de Montenegro documenta una brutalidad inhumana frente a los compatriotas.

cia extremeños y andaluces y, en general, entre los demás conquistadores y vecinos procedentes de otras regiones de España. Además de ejemplos de este tipo, el texto de Borregán nos muestra que, incluso más de veinte años después de la puesta en marcha de las Leyes Nuevas, la pacificación definitiva del país no es un hecho consumado y que determinados grupos en la sociedad todavía no se han podido reconciliar con la nueva realidad político-social.

Sin duda, la historiografía puede aprovechar también este tipo de observaciones.

* * *

La crónica de nuestro semiculto es, pues, un texto sumamente instructivo de la época colonial temprana y, claro está, no sólo desde la perspectiva de la lingüística diacrónica y la lingüística textual. Por tanto, no sería justo definir a Borregán, como se ha hecho en el pasado, como un hablador paranoico y pleitista.[68] Más bien, su texto merece una atenta lectura.

En suma: *Gloria, no – interés, sí.*

[68] Caracterizaciones que van en esta dirección son formuladas por Porras Barrenechea 1962: 219 y Esteve Barba 1992: 485, quienes se refieren a "cierta senilidad en el autor" y a "una patente mania persecutoria".

Bibliografía

Codoin-Am (1864-1884) = *Colección de documentos inéditos relativos al descubrimiento, conquista y organización de las posesiones españolas de América y Oceanía, Sacados de los archivos del Reino y muy especialmente del de Indias*, Eds. Pacheco, Joaquín/ Cárdenas, Francisco/Torres de Mendoza, Luis (Real Academia de la Historia), 42 vols., Madrid: Imprenta de Manuel G. Hernández (reimpresión, Kraus Reprint Ltd., 1964-1966) (= DII).

Codoin-Ultramar (1885-1932) = *Colección de documentos inéditos relativos al descubrimiento, conquista y organización de las posesiones españolas de Ultramar* (Real Academia de la Historia), 25 vols., Madrid: Estudio Tipográfico Sucesores de Rivadeneyra (= DIU).

Adorno, Rolena (1995): "Discurso jurídico, discurso literario. El reto de leer en el siglo XX los escritos del XVI", en: Centro de Información para el Desarrollo (ed.), *Memorias. Jornadas Andinas de Literatura Latinoamericana (JALLA)*, La Paz: Plural Editores, 15-25.

Adorno, Rolena (1997): "History, Law and the Eyewitness. Protocols of Authority in Bernal Díaz del Castillo's *Historia verdadera de la conquista de la Nueva España*", en: Fowler, Elizabeth/Greene, Roland (eds.), *The Project of Prose in Early Modern Europe*, Cambridge: Cambridge University Press, 154-175.

Aguilar, Francisco (1988): "Relación breve de la conquista de Nueva España", en: Vázquez Chamorro (ed.), 155-206.

Alonso, Amado (1967/69): *De la pronunciación medieval a la moderna en español*, 2 vols., Madrid: Gredos (= BRH, II, 15).

Alonso, Martín (1986): *Diccionario medieval español. Desde las Glosas Emilianenses y Silenses (s. X) hasta el siglo XV*, Salamanca: Universidad Pontificia de Salamanca.

Alvar, Manuel/Pottier, Bernard (1983): *Morfología histórica del español*, Madrid: Gredos.

Alvar Ezquerra, Alfredo (2000): "La historia, los historiadores y el rey en la España del humanismo", en: id. (ed.), *Imágenes históricas de Felipe II*, Madrid: Centro de Estudios Cervantinos, 216-254.

Andrés-Gallego, José (ed.) (2001): *La historia de la Iglesia en España y el mundo hispano*, Murcia: Universidad Católica de Murcia.

Andrés-Gallego, José et al. (eds.) (1999): *Historia de la historiografía española*, Madrid: Ediciones Encuentro (= Ensayos, 133).

Antos, Gerd/Krings, Hans P. (eds.) (1989): *Textproduktion. Ein interdisziplinärer Überblick*, Tübingen: Niemeyer.

Arellano, Ignacio/Pino, Fermín del (eds.) (2004): *Lecturas y ediciones de crónicas de Indias. Una propuesta interdisciplinaria*, Madrid/Frankfurt a.M.: Iberoamericana/Vervuert.

Ayala, Manuel José de (1929): *Diccionario de gobierno y legislación de Indias*, 2 vols., Madrid: Compañía Ibero-Americana de Publicaciones.

Bader, Eugen (1990): "Celare artem: Kontext und Bedeutung der stilistischen Anweisung 'Schreibe wie du redest!' im 16./17. Jahrhundert (Italien, Spanien, Frankreich)", en: Raible, Wolfgang (ed.), *Erscheinungsformen kultureller Prozesse*, Tübingen: Narr, 197-217.

Bakewell, Peter John (2004): *A History of Latin America, c. 1450 to the Present*, Malden: Blackwell.

Balduino, Armando ([3]1989): *Manuale di filologia italiana*, Firenze: Sansoni.

Barrientos Grandón, Javier (2000): *Historia del derecho indiano del descubrimiento colombino a la codificación*, vol. 1: *Ius commune – ius proprium en las indias occidentales*, Rom: Galileo Galilei (= I libri di Erice, 26).

Barrios, Feliciano (ed.) (2004): *El gobierno del mundo. Virreinatos y Audiencias en la América Hispánica*, Cuenca: Universidad de Castilla-La Mancha.

Beaugrande, Robert de/Dressler, Wolfgang (eds.) (1984): *Text Production*, Norwood, NJ: Ablex Publication Corporation.

Benso, Silvia (1989): *La conquista di un testo: il Requerimiento*, Roma: Bulzoni (= Letterature iberiche e latino-americane, 19).

Bermúdez, Agustín (2004): "La implantación del régimen virreinal en Indias", en: Barrios (ed.), 253-298.

Bernand, Carmen (ed.) (1994): *Descubrimiento, conquista y colonización de América a quinientos años*, México, D.F.: Fondo de Cultura Económica.

Bernand, Carmen/Gruzinski, Serge (1996): *Historia del Nuevo Mundo. Del descubrimiento a la conquista. La experiencia europea, 1492-1550*, México, D.F.: Fondo de Cultura Económica.

Besch, Werner (1980): "Frühneuhochdeutsch", en: Althaus, Hans Peter/Henne, Helmut/Wiegand, Herbert (eds.), *Lexikon der Germanistischen Linguistik*, Tübingen: Niemeyer, 588-597.

Bitterli, Urs (1986): *Alte Welt – Neue Welt. Formen des europäisch-überseeischen Kulturkontakts vom 15. bis zum 18. Jahrhundert*, München: C.H. Beck.

Bleiberg, Germán (ed.) (1968): *Diccionario de historia de España*, 3 vols., Madrid: Revista de Occidente.

Borregán, Alonso (1948): *Crónica de la Conquista del Perú*. Edición y prólogo de Rafael Loredo, Sevilla: Publicaciones de la Escuela de Estudios Hispano-Americanos de Sevilla.

Boyd-Bowman, Peter (1971): *Léxico hispanoamericano del siglo* XVI, London: Tamesis Books.

Boyd-Bowman, Peter (1976): "Patterns of Spanish Emigration to the Indies till 1600", *Hispanic American Historical Review* 56, 586-604.

Boyd-Bowman, Peter (1985): *Índice geobiográfico de más de 56 mil pobladores de la América hispánica,* I: *1493-1519*, México, D.F.: Fondo de Cultura Económica.

Brading, David (1998): *Orbe indiano. De la monarquía católica a la república criolla (1492-1867)*, México, D.F.: Fondo de Cultura Económica.

Bremer, Ernst (1985): "Zum Verhältnis von geschriebener und gesprochener Sprache im Frühneuhochdeutschen", en: Besch, Werner/Reichmann, Oskar/Sonderegger, Stefan (eds.), *Sprachgeschichte. Ein Handbuch zur Geschichte der deutschen Sprache und ihrer Erforschung*, vol. 2, Berlin/New York: de Gruyter, 1379-1388.

Brendecke, Arndt (2009): *Imperium und Empirie. Funktionen des Wissens in der spanischen Kolonialherrschaft*, Köln/Weimar/Wien: Böhlau.

Bruni, Francesco (1984): *L'italiano. Elementi di storia della lingua e della cultura. Testi e documenti*, Torino: UTET.

Cano Aguilar, Rafael (1991a): *Análisis filológico de textos*, Madrid: Taurus.

Cano Aguilar, Rafael (1991b): "Sintaxis oracional y construcción del texto en la prosa española del Siglo de Oro", *Philologia Hispalensis* 6/1, 45-67.

Cano Aguilar, Rafael ([2]1992): *El español a través de los tiempos*, Madrid: Arco Libros.

Cano Aguilar, Rafael (1996): "Lenguaje 'espontáneo' y retórica epistolar en cartas de emigrantes españoles a Indias", en: Kotschi/Oesterreicher/Zimmermann (eds.), 72-85.

Cano Aguilar, Rafael (1998): "Presencia de lo oral en lo escrito: la transcripción de las declaraciones en documentos indianos del siglo XVI", en: Oesterreicher/Stoll/Wesch (eds.), 219-242.

Cano Aguilar, Rafael (2000a): *Introducción al análisis filológico*, Madrid: Castalia.

Cano Aguilar, Rafael (2000b): "Oración compleja y estructura del discurso: nuevos desarrollos en sintaxis histórica del español", *Revista de Investigación Lingüística* 2/III, 95-122.

Cano Aguilar, Rafael (2003): "Sintaxis histórica, discurso oral y discurso escrito", en: Girón Alconchel, José Luis et al. (eds.), *Textualidad y oralidad*, Instituto Universitario 'Menéndez Pidal'/Visor Libros, 27-48.

Cano Aguilar, Rafael (ed.) (2004): *Historia de la lengua española*, Barcelona: Ariel.

Cantú, Francesca (2007): *La Conquista spirituale. Studi sull'evangelizzazione del Nuovo Mondo*, Roma: Viella (= Frontiere della modernità, 5).

Carrera de la Red, Micaela (2006): "Análisis de situaciones comunicativas en el documento indiano por excelencia: la carta", en: Sedano, Martha et al. (eds.), *Haciendo lingüística. Homenaje a Paola Bentivoglio*, Caracas: Universidad Central de Venezuela, 627-643.

Carrillo Espejo, Francisco (ed.) (1987): *Cartas y cronistas del descubrimiento y la conquista*, Lima: Ed. Horizonte (= Enciclopedia histórica de la literatura peruana, 2).

Carrillo Espejo, Francisco (ed.) (1989): *Cronistas de las guerras civiles, así como del levantamiento de Manco Inca y el de don Lope de Aguirre llamado 'la ira de Dios'*, Lima: Ed. Horizonte (= Enciclopedia histórica de la literatura peruana, 3).

Castillo Lluch, Mónica/Pons Rodríguez, Lola (eds.) (2011): Así se van las lenguas variando. *Nuevas tendencias en la investigación del cambio lingüístico en español*, Bern etc.: Peter Lang (= Fondo Hispánico de lingüística y filología, 5).

Cavallini de Arauz, Lidia (1986): *Elementos de paleografía hispanoamericana*, San José de Costa Rica: Universidad de Costa Rica.

Certeau, Michel de (1975): *L'écriture de l'histoire*, Paris: Gallimard.

Céspedes del Castillo, Guillermo (1946): "La Visita como institución indiana", *Anuario de Estudios Americanos* 3, 984-1025.

Céspedes del Castillo, Guillermo (1971): "La sociedad colonial americana en los siglos XVI y XVII: Las Indias en el siglo XVI", en: Vicens Vives, Jaime (ed.): *Historia de España y América*, vol. 3: *Los Austrias; Imperio español en América*, Barcelona: Editorial Vicens-Vives, 387-494.

Chartier, Roger (2005): *El presente del pasado. Escritura de la historia – historia de lo escrito*, México, D.F.: Universidad Iberoamericana.

Chaunu, Pierre (1969): *Conquête et exploitation des nouveaux mondes (16e siècle)*, Paris: PUF.

Chaunu, Pierre (1976): *La España de Carlos V*, vol. 1: *Las estructuras de una crisis*, vol. 2: *La coyuntura de un siglo*, Barcelona: Ediciones Península.

Chaunu, Pierre (1977): *Séville et l'Amérique aux XVIe et XVIIe siècles*, Paris: Flammarion.

Chiappalli, Fredi (Hrsg.) (1976): *First Images of America. The Impact of the New World on the Old*, 2 vols., Berkeley/Los Angeles/London: University of California Press.

Cieza de Léon, Pedro de (1877/1881): *Guerras civiles del Perú*, 2 vols., Madrid: Librería de la Viuda de Rico.

Company Company, Concepción (2001): "Para una historia del español americano. La edición crítica de documentos coloniales de interés lingüístico", en: Funes, Leonardo/Moure, José L. (eds.), *Studia in honorem Germán Orduna*, Alcalá de Henares: Universidad de Alcalá, 207-224.

Corominas, Juan/Pascal, José A. (1980): *Diccionario crítico etimológico castellano e hispánico*, 5 vols., Madrid: Gredos.

Cortés Alonso, Vicenta (1986): *La escritura y lo escrito. Paleografía y diplomática en España y América en los siglos XVI y XVII*, Sevilla: Instituto de Cooperación Iberoamericana.

Covarrubias Orozco, Sebastián de (1979 [1611]): *Tesoro de la Lengua Castellana o Española*, Madrid: Polifemo.

Covarrubias Orozco, Sebastián de (1987): *Tesoro de la lengua castellana o española*, Edición Martín de Riquer, Barcelona: Alta Fulla.

Díaz-Trechuelo, María Lourdes (1970): *América en la 'Colección de documentos inéditos para la Historia de España'*, Sevilla: Escuela de Estudios Hispanoamericanos.

Duve, Thomas (2005): "La pragmatización de la memoria y el trasfondo consuetudinario del derecho indiano", en: Folger/Oesterreicher (eds.), 77-97.

Duve, Thomas (2008): *Sonderrecht in der frühen Neuzeit. Studien zum* ius singulare *und den* privilegia miserabilium personarum, senum *und* indorum *in Alter und Neuer Welt*, Frankfurt a.M.: Klostermann (= Studien zur europäischen Rechtsgeschichte, 231).

Eberenz, Rolf (1983): "'Sea como fuere'. Zur Geschichte des spanischen Konjunktiv Futur", *Vox Romanica* 42, 181-201.

Eberenz, Rolf (1990): "Sprachliche Norm und Varietäten in Sebastián de Covarrubias' *Tesoro de la lengua castellana o española* (1611)", en: Liver, Ricarda/Werlen, Iwar/Wunderli, Peter (eds.), *Sprachtheorie und Theorie der Sprachwissenschaft. Festschrift für Rudolf Engler zum 60. Geburtstag*, Tübingen: Narr, 108-117.

Eberenz, Rolf (1990/91): "Construcciones pronominales con verbos intransitivos en el español del siglo XV", *Vox Romanica* 49/50, 371-391.

Eberenz, Rolf (1998): "La reproducción del discurso oral en las actas de la Inquisición (siglos XV y XVI)", en: Oesterreicher/Stoll/Wesch (eds.), 243-266.

Eberenz, Rolf/De la Torre, Mariela (2003): *Conversaciones estrechamente vigiladas: interacción coloquial y español oral en las actas inquisitoriales de los siglos XV a XVII*, Zaragoza: Libros Pórtico-Hispania Helvetica.

Eggers, Hans (1969): *Deutsche Sprachgeschichte*, vol. 3: *Das Frühneuhochdeutsche*, Reinbek bei Hamburg: Rowohlt.

Eigler, Gunter (1994): "Methoden der Textproduktionsforschung", en: Günther, Hartmut/Ludwig, Otto (eds.), *Schrift und Schriftlichkeit/ Writing and Its Use. Ein interdisziplinäres Handbuch internationaler Forschung/An Interdisciplinary Handbook of International Research*, vol. 2, Berlin/New York: de Gruyter, 992-1004.

Encinas, Diego de (1945): *Cedulario Indiano*, Madrid: Cultura Hispánica.

Escolano, Agustín (ed.) (1992): *Leer y escribir en España. Doscientos años de alfabetización*, Madrid/Salamanca: Fundación Germán Sánchez Ruipérez/ Pirámide.

Esteve Barba, Francisco (²1992): *Historiografía indiana*, Madrid: Gredos.

Fernández Alcaide, Marta (2009): *Cartas de particulares en Indias del siglo XVI. Edición y estudio discursivo*, Madrid/Frankfurt a.M.: Iberoamericana/Vervuert (= Textos y Documentos Españoles y Americanos, 6).

Folger, Robert (2005): "Alonso Borregán Writes Himself: the Colonial Subject and the Writing of History in Relaciones de méritos y servicios", en: Folger/Oesterreicher (eds.) 2005, 267-294.

Folger, Robert (2011): *Writing as Poaching: Interpellation and Self-Fashioning in Colonial* relaciones de méritos y servicios, Brill: Leiden (= The Medieval and Early Modern Iberian World, 44).

Folger, Robert/Oesterreicher, Wulf (eds.) (2005): *Talleres de la memoria – Reivindicaciones y autoridad en la historiografía indiana de los siglos XVI y XVII*, Münster: LIT-Verlag (= Pluralisierung & Autorität, 5).

Frago Gracia, Juan A. (1987): "Una introducción filológica a la documentación del Archivo General de Indias", *Anuario de Lingüística Hispánica* 3, 67-97.

Frago Gracia, Juan A. (1992): "Variación dialectal y sociocultural en la documentación indiana del siglo XVI", *Revista de Filología española* 72, 399-428.

Frago Gracia, Juan A. (1993): *Historia de las hablas andaluzas*, Madrid: Arco Libros.

Friederici, Georg (1947): *Amerikanistisches Wörterbuch* (Abhandlungen aus dem Gebiet der Auslandskunde; Reihe B: Völkerkunde, Kulturgeschichte und Sprachen, 53), Hamburg: Cram, de Gruyter (²1960: *Amerikanistisches Wörterbuch und Hilfswörterbuch für die Amerikanisten. Deutsch-Spanisch-Englisch*, Hamburg: de Gruyter).

Furet, François/Ozouf, Jacques (1977): *Lire et écrire. L'alphabétisation des Français de Calvin à Jules Ferry*, 2 vols., Paris: Éd. de Minuit.

Furet, François/Ozouf, Mona (1996): *Kritisches Wörterbuch der Französischen Revolution*. 2 vols., Frankfurt a.M.: Suhrkamp (= 1988: *Dictionnaire critique de la Révolution française*, Paris: Flammarion).

Furet, François/Richet, Denis (1965/66): *La Révolution*, 2 vols., Paris: Hachette.

Garatea Grau, Carlos (2010): *Tras una lengua de papel. El español del Perú*, Lima: Fondo Editorial de la Pontificia Universidad Católica del Perú.

García de Diego, Vicente (³1970): *Gramática histórica española*, Madrid: Gredos.

García Gallo, Alfonso (1972): "Los orígenes de la administración territorial de las Indias: El gobierno de Colón", en: id. (ed.), *Estudios de Historia del Derecho Indiano*, Madrid: Instituto Nacional de Estudios Jurídicos, 563-579.

Gauger, Hans-Martin (1986): "'Schreibe wie du redest!'. Zu einer stilistischen Norm", en: *Sprachnormen in der Diskussion. Beiträge vorgelegt von Sprachfreunden*, Berlin: de Gruyter, 21-40.

Gauger, Hans-Martin (2004): "La conciencia lingüística en el Siglo de Oro", en: Cano Aguilar (ed.), 681-699.

Girón Alconchel, José (2004): "Cambios gramaticales en los Siglos de Oro", en: Cano Aguilar (ed.), 859-893.

Girón Alconchel, José Luis/Herrero Ruiz de Loizaga, F. Javier/Iglesias Recuero, Silvia/Narbona Jiménez, Antonio (eds.) (2003): *Estudios ofrecidos al Profesor José Jesús de Bustos Tovar*, 2 vols., Madrid: Editorial Complutense.

Goic, Cedomil (ed.) (1988): *Historia y crítica de la literatura hispanoamericana*, vol. 1: *Epoca colonial*, Barcelona: Ed. Crítica.

González Ollé, Fernando (1978): "El establecimiento del castellano como lengua oficial", Boletín de la RAE 58, 229-280.

Granda, Germán de (1988): "Historia social e historia lingüística en Hispanoamérica", en: id., *Lingüística e historia. Temas afro-hispánicos*, Valladolid: Universidad de Valladolid, Secretariado de Publicaciones, 203-213.

Greußlich, Sebastian (2011): *Text, Autor und Wissen in der* historiografía indiana *der Frühen Neuzeit. Das Beispiel der 'Décadas' von Antonio de Herrera y Tordesillas*, Berlin/New York: de Gruyter (= Pluralisierung & Autorität) (en prensa).

Griffin, Charles C. (ed.) (1971): *Latin America. A Guide to the Historical Literature*, Austin/London: University of Texas Press.

Gruzinski, Serge (2006): *Les quatre parties du monde. Histoire d'une mondialisation*, Paris: Éd. du Seuil.

Guchmann, Mirra M. (1974): *Die Sprache der deutschen politischen Literatur in der Zeit der Reformation und der Bauernkriege*, Berlin: Akademie-Verlag.

Guibovich Pérez, Pedro M. (2010): "Gramática y territorialidad del discurso. Espacios mesoamericano y andino, época colonial", en: Yánez Rosales (ed.), 87-119.

Gumbrecht, Hans Ulrich (1987): "Wenig Neues in der Neuen Welt. Über Typen der Erfahrungsbildung in spanischen Kolonialchroniken des XVI. Jahrhunderts", en: Stempel, Wolf-Dieter/Stierle, Karl-Heinz (eds.), *Pluralität der Welten. Aspekte der Renaissance in der Romania*, München: Fink, 227-249.

Gutiérrez de Santa Clara, Pedro (1904-1929): *Historia de las guerras civiles del Perú 1544-1548, y de otros sucesos de las Indias*, 6 vols., Madrid: Librería General de Victoriano Suárez (= Colección Clásicos Tavera).

Hanke, Lewis (ed.) (1969): *History of Latin American Civilization. Sources and Interpretations*, vol. 1: *The Colonial Experience*, London: Methuen.

Hanssen, Federico (1945): *Gramática histórica de la lengua castellana*, Buenos Aires: El Ateneo.

Hemming, John (1982): *La conquista de los incas*, México, D.F.: Fondo de Cultura Económica.

Hernández Díaz, José (1935): *Documentos americanos del Archivo de Protocolos de Sevilla. Siglo XVI*, Madrid: Instituto Hispano-Cubano de Historia de América.

Huamanchumo de la Cuba, Ofelia (2010): "Texte über die Taufe von Indios in der Frühzeit der Christianisierung Amerikas", en: *Mitteilungen des SFB 573 'Pluralisierung und Autorität in der Frühen Neuzeit (15.-17. Jahrhundert)'* 2/2010, 29-34.

Huamanchumo de la Cuba, Ofelia (2011): *Encomiendas y cristianización. Análisis pragmático de documentos jurídicos y administrativos del Perú del siglo XVI*, Tesis de doctorado, LMU München.

Innes, Hammond ([2]1975): *Los conquistadores españoles*, Barcelona/Madrid: Editorial Noguer.

Kagan, Richard L. (2009): *Clio and the Crown: the Politics of History in Medieval and Early Modern Spain*, Baltimore: John Hopkins University Press.

Kamber, Peter (2009): *Reformation als bäuerliche Revolution. Bildersturm, Klosterbesetzungen und Kampf gegen die Leibeigenschaft in Zürich zur Zeit der Reformation (1522-1525)*, Zürich: Chronos Verlag.

Kaufmann, Thomas (2009): *Geschichte der Reformation*, Frankfurt a.M.: Suhrkamp.

Kelley, Donald R. (1999): *Faces of History*, New York: Yale University Press.

Keniston, Hayward (1937): *The Syntax of Castilian Prose. The Sixteenth Century*, Chicago: University of Chicago Press.

Koch, Ernst (2000): *Das konfessionelle Zeitalter – Katholizismus, Luthertum, Calvinismus (1563-1675)*, Leipzig: Evangelische Verlagsanstalt (= Kirchengeschichte in Einzeldarstellungen, II/8).

Koch, Peter (1995): "Subordination, intégration syntaxique et 'oralité'", Etudes Romanes 34, 13-42.

Koch, Peter (1997): "Diskurstraditionen: zu ihrem sprachtheoretischen Status und ihrer Dynamik", en: Frank/Haye/Tophinke (eds.), 43-79.

Koch, Peter/Oesterreicher, Wulf (1985): "Sprache der Nähe – Sprache der Distanz. Mündlichkeit und Schriftlichkeit im Spannungsfeld von Sprachtheorie und Sprachgeschichte", *Romanistisches Jahrbuch* 36, 15-43.

Koch, Peter/Oesterreicher, Wulf (2007): *Lengua hablada en la Romania: Español, francés, italiano*, Madrid: Gredos (= BRH, II, 448).

Kohut, Karl (ed.) (1991): *Der eroberte Kontinent. Historische Realität, Rechtfertigung und literarische Darstellung der Kolonisation Amerikas*, Frankfurt a.M.: Vervuert.

Konetzke, Richard (ed.) (1953): *Colección de documentos para la historia de la formación social de Hispanoamérica 1493-1810*, vol. 1: *1493-1592*, Madrid: CSIC.

Konetzke, Richard (1968): *Descubridores y conquistadores de América, de Cristóbal Colón a Hernán Cortés*, Madrid: Gredos.

Kotschi, Thomas/Wulf Oesterreicher/Klaus Zimmermann (eds.) (1996): *El español hablado y la cultura oral en España e Hispanoamérica*, Madrid/Frankfurt a.M.: Iberoamericana/Vervuert.

Lafaye, Jacques (1999): *Los conquistadores. Figuras y escrituras*, México, D.F.: Fondo de Cultura Económica.

Lapesa, Rafael ([9]1981): *Historia de la lengua española*, Madrid: Gredos.

Lockhart, James (1986/1987): *Los de Cajamarca. Un estudio social y biográfico de los primeros conquistadores del Perú*, 2 vols., Lima: Milla Batres.

Lockhart, James (ed.) (1999): *Of Things of the Indies. Essays Old and New in Early Latin American History*, Stanford: Stanford University Press.

Lope Blanch, Juan M. (1985): *El habla de Diego de Ordaz. Contribución a la historia del español americano*, México, D.F.: UNAM.

Lucena Salmoral, Manuel (ed.) (1990): *Historia de Iberoamérica*, vol. 2: *Historia moderna*, Madrid: Cátedra.

Lüdtke, Jens (1991): "Geschichte des Spanischen in Übersee", *Romanistisches Jahrbuch* 41, 290-301.

Lüdtke, Jens (ed.) (1994): *El español americano en el siglo XVI. Actas del Simposio del Instituto Ibero-Americano de Berlín, 23 y 24 de abril de 1992*, Madrid/Frankfurt a.M.: Iberoamericana/Vervuert (= Bibliotheca Ibero-Americana, 48).

Lüsebrink, Hans-Jürgen (1988): "Aspekte einer Kulturrevolution: Sprache und Literatur", en: Reichhart, Rolf (ed.), *Die Französische Revolution*, Freiburg/Würzburg: Herder, 241-261.

Luquet, Gilles (1988): *Systématique historique du mode subjonctif espagnol*, Paris: Klincksieck.

Mariluz Urquijo, José María (1952): *Ensayo sobre los juicios de residencia indianos*, Sevilla: Escuela de Estudios Hispano-Americanos.

Martinell Gifre, Emma (1988): *Aspectos lingüísticos del descubrimiento y de la conquista*, Madrid: CSIC.

Martinell Gifre, Emma (1998): "Voluntad informativa y grado de competencia lingüística en las crónicas", en: Oesterreicher/Stoll/Wesch (eds.), 111-124.

Martinell Gifre, Emma (2005): "Descripciones y Relaciones Geográficas: la fuerza de modelos, pautas y filtros en la percepción, la interpretación y el testimonio", en: Folger/Oesterreicher (eds.), 183-201.

Martínez, José Luis (1998): *Pasajeros de Indias. Viajes transatlánticos en el siglo XVI*, Madrid: Alianza.

Matiré, Eduardo (2005): *Las audiencias y la administración de justicia en las Indias*, Madrid: Universidad Autónoma de Madrid.

Metzeltin, Michael (1994): "Los textos cronísticos americanos como fuentes del conocimiento de la variación lingüística", en: Lüdtke (ed.), 143-153.

Mignolo, Walter D. (1981): "El metatexto historiográfico y la historiografía indiana", *MLN Hispanic Issue* 96/2, 358-402.

Mignolo, Walter D. (1982): "Cartas, crónicas y relaciones del descubrimiento y la conquista", en: Íñigo Madrigal, Luis (ed.), *Historia de la literatura hispanoamericana*, vol. 1: *Época colonial*, Madrid: Cátedra, 57-116.

Mignolo, Walter D. (1995): *The Darker Side of the Renaissance: Literacy, Territoriality, and Colonization*, Ann Arbor: The University of Michigan Press.

Mignolo, Walter D. (2005): "La historiografía incipiente: formas de la memoria en las tradiciones amerindias y en la tradición europea", en: Folger/Oesterreicher (eds.), 161-181.

Millares Carlo, Agustín ([3]1983): *Tratado de paleografía española*, 3 vols., Madrid: Espasa-Calpe.

Mocciaro, Antonia G. (1991): *Italiano e Siciliano nelle scritture di semicolti*, Palermo: Centro di Studi filologici e linguistici siciliani.

Morales Padrón, Francisco (ed.) (1979): *Teoría y leyes de la Conquista*, Madrid: Gredos.

Morales Padrón, Francisco (1988): *Atlas histórico cultural de América*, vol. 1, Las Palmas de Gran Canaria: Gredos.

Morales Padrón, Francisco (1990): *Historia del descubrimiento y conquista de América*, Madrid: Gredos.

Muñoz y Rivero, Jesús (1970): *Manual de paleografía diplomática española de los siglos XII al XVII*, Madrid: Viuda de Hernando [Reimpresión de la primera edición 1917].

Oesterreicher, Wulf (1990): "Die Sprache der Freiheit – Varietätenlinguistische Präzisierungen zur Historiographie von Sprachpolitik und Sprachauffassung der Französischen Revolution", en: Hüllen, Werner (ed.), *Understanding the Historiography of Linguistics. Problems and Projects*, Münster: Nodus Publikationen, 117-136.

Oesterreicher, Wulf (1992): "Nähesprachlich geprägtes Schreiben in der Kolonialhistoriographie Hispanoamerikas (1500-1615)", en: Raible, Wolfgang (ed.), *Sieben Jahre Sonderforschungsbereich 321 'Übergänge und Spannungsfelder zwischen Mündlichkeit und Schriftlichkeit'*, Freiburg: Albert-Ludwigs-Universität Freiburg, 76-78.

Oesterreicher, Wulf (1993): "'Verschriftung' und 'Verschriftlichung' im Kontext von medialer und konzeptioneller Schriftlichkeit", en: Schäfer, Ursula (ed.), Schriftlichkeit im frühen Mittelalter, Tübingen: Narr, 267-292.

Oesterreicher, Wulf (1994a): "El español en textos escritos por semicultos. Competencia escrita de impronta oral en la historiografía indiana", en: Lüdtke (ed.), 155-190.

Oesterreicher, Wulf (1994b): "Kein sprachlicher Alltag – der Konquistador Alonso Borregán schreibt eine Chronik", en: Sabban, Annette/Schmidt, Christian (eds.), *Sprachlicher Alltag. Linguistik, Rhetorik, Literatur. Festschrift für Wolf-Dieter Stempel, 7. Juli*, Tübingen: Niemeyer, 379-418.

Oesterreicher, Wulf (1995): "Das Massaker von Cholula, Mexiko, 1519. Ein Ereignis – unterschiedliche Darstellungen", en: Raible, Wolfgang (ed.), *Kulturelle Perspektiven auf Schrift und Schriftlichkeit*, Tübingen: Narr (= ScriptOralia, 72), 98-120.

Oesterreicher, Wulf (1996a): "Lo hablado en lo escrito: reflexiones metodológicas y aproximación a una tipología", en: Kotschi/Oesterreicher/Zimmermann (eds.), 317-340.

Oesterreicher, Wulf (1996b): "Zwei Spanier als Indios: Deutungsmuster von Kulturkontakt und Kulturkonflikt in Augenzeugenberichten und frühen Chroniken Hispanoamerikas", en: Röcke, Werner/Schaefer, Ursula (eds.), *Mündlichkeit – Schriftlichkeit – Weltbildwandel. Literarische Kommunikation und Deutungsschemata von Wirklichkeit in der Literatur des Mittelalters und der frühen Neuzeit*, Tübingen: Narr (= ScriptOralia, 71), 147-183.

Oesterreicher, Wulf (1997): "Cajamarca 1532 – Diálogo y violencia. Los cronistas y la elaboración de una historia andina", *Lexis. Revista de lingüística y literatura* XXI/2, 211-271.

Oesterreicher, Wulf (1998): "Bloqueos epistemológicos en la lexicología histórica o el miedo a la variación. Considerando el español en América (siglo XVI)", en: Oesterreicher/Stoll/Wesch (eds.), 37-81.

Oesterreicher, Wulf (2000): "Aspectos teóricos y metodológicos del análisis del discurso desde una perspectiva histórica: el coloquio de Cajamarca 1532", en: Bustos Tovar, José Jesús de/Charaudeau, Patrick/Girón Alconchel, José Luis/Iglesias Recuero, Silvia/López Alonso, Covadonga (eds.), *Lengua, discurso, texto. I Simposio Internacional de Análisis del Discurso*, vol. 1, Madrid: Visor Libros, 159-199.

Oesterreicher, Wulf (2003): "Las otras Indias – estrategias de cristianización en América y en Europa, la lingüística misionera y el estatus del latín", en: Girón Alconchel et al. (eds.), vol. 1, 421-438.

Oesterreicher, Wulf (2004a): "Textos entre inmediatez y distancia comunicativas. El problema de lo hablado escrito en el Siglo de Oro", en: Cano Aguilar, Rafael (ed.), *Historia de la Lengua Española*, Barcelona: Ariel, 729-769.

Oesterreicher, Wulf (2004b): "'Vuestro hijo que mas ver que escreviros dessea'. Aspectos históricos y discursivo-lingüísticos de una carta privada escrita por un soldado español desde Cajamarca (Perú, 1533)", *Función* (Guadalajara) 21-24, 419-444.

Oesterreicher, Wulf (2005): "Talleres de la memoria – textos, espacios discursivos y realidad colonial", en: Folger/Oesterreicher (eds.), IX-XXVIII.

Oesterreicher, Wulf (2007): "Gramática histórica, tradiciones discursivas y variedades lingüísticas – Esbozo programático", *Revista de Historia de la Lengua Española* 2, 109-128.

Oesterreicher, Wulf (2008a): "Configuraciones actanciales – variedades lingüísticas – tradiciones discursivas", en: Company Company, Concepción/Moreno de Alba, José G. (eds.), *Actas del VII Congreso Internacional de Historia de la Lengua Española, Mérida (Yucatán), 4-8 de septiembre de 2006,* vol. 2, 2043-2063.

Oesterreicher, Wulf (2008b): "Die Stimme im Text – die Schrift in der Rede", en: Hempfer, Klaus W. (ed.), *Sprachen der Lyrik. Für Gerhard Regn anlässlich seines 60. Geburtstags*, Stuttgart: Steiner (= Text und Kontext, 27), 209-236.

Oesterreicher, Wulf (2009): "*Los otros piratas de América* – Information und Autorschaft in amerikanischen Texten der Frühen Neuzeit", *Mitteilungen des SFB 573 'Pluralisierung und Autorität in der Frühen Neuzeit (15.-17. Jahrhundert)'*, 1/2009, 32-50.

Oesterreicher, Wulf (2011): "Conquistas metodológicas en la lingüística diacrónica actual. La historicidad del lenguaje: lenguas, variedades y tradiciones discursivas en el marco de una semiótica social", en: Castillo Lluch/Pons Rodríguez (eds.), 305-334.

Oesterreicher, Wulf/Schmidt-Riese, Roland (eds.) (2010): *Esplendores y miserias de la evangelización de América. Antecedentes europeos y alteridad indígena,* Berlin/New York: de Gruyter (= Pluralisierung & Autorität, 22).

Oesterreicher, Wulf/Stoll, Eva/Wesch, Andreas (eds.) (1998): *Competencia escrita, tradiciones discursivas y variedades lingüísticas. Aspectos del español europeo y americano en los siglos* XVI *y* XVII. *Coloquio internacional, Friburgo de Brisgovia, 26-28 de septiembre de 1996*, Tübingen: Narr (= ScriptOralia, 12).

O'Phelan Godoy, Scarlett (2002): *Passeurs, mediadores culturales y agentes de la primera globalización en el Mundo Ibérico, siglos* XVI-XIX, Lima: Pontificia Universidad Católica del Perú, Fondo Editorial.

Otte, Enrique (ed.) (1988): *Cartas privadas de emigrantes a Indias, 1510-1616*, Sevilla: Escuela de Estudios Hispano-Americanos.

Padrós Wolff, Elisenda (1998): "Grados de elaboración textual en Crónicas de América", en: Oesterreicher/Stoll/Wesch (eds.), 169-183.

Pietschmann, Horst (1980): *Staat und staatliche Entwicklung am Beginn der spanischen Kolonisation Amerikas*, Münster: Aschendorffsche Verlagsbuchhandlung.

Pietschmann, Horst (1991): "Die Conquista Amerikas: ein historischer Abriß", en: Kohut, Karl (ed.), *Der eroberte Kontinent. Historische Realität, Rechtfertigung und literarische Darstellung der Kolonisation Amerikas*, Frankfurt a.M.: Vervuert, 13-30.

Pietschmann, Horst (ed.) (2002): *Atlantic History. History of the Atlantic System 1580-1830*, Göttingen: Vandenhoeck & Ruprecht.

Pizarro, Pedro (^{2}1986): *Relación del descubrimiento y conquista de los reinos del Perú*, Lima: Pontificia Universidad del Perú, Fondo Editorial.

Porras Barrenechea, Raúl (ed.) (1944): *Cedulario del Perú. Siglo XVI, XVII, y XVIII*, 2 vols., Lima: Ministerio de Relaciones Exteriores del Perú.

Porras Barrenechea, Raúl (ed.) (1959): *Cartas del Perú (1524-1543)*, Lima: Ed. de la Sociedad de Bibliófilos Peruanos.

Porras Barrenechea, Raúl (1962): *Los Cronistas del Perú*, Lima: Sanmartí Impresores.

Porras Barrenechea, Raúl (ed.) (1986): *Los Cronistas del Perú (1528-1650) y otros ensayos*, Lima: Ediciones del Cententario (= Biblioteca Clásicos del Perú, 2).

Porras Barrenechea, Raúl et al. ([11]1988): *Historia general de los peruanos*, vol. 2: *El Perú virreinal*, Lima: Peisa.

Prescott, William H. (1986): *Historia de la conquista del Perú*, Madrid: ISTMO [original inglés: *History of the conquest of Peru*, 1843].

Raible, Wolfgang (1992): *Junktion. Eine Dimension der Sprache und ihre Realisierungsformen zwischen Aggregation und Integration*, Heidelberg: Winter.

Real Academia Española (1963): *Diccionario de Autoridades*, Edición facsímil, 3 vols., Madrid: Gredos.

Real Díaz, José Joaquín (1970): *Estudio diplomático del documento indiano*, Sevilla: Publicaciones de la Escuela de Estudios Hispano-Americanos de Sevilla.

Reich, Uli (2002): "Erstellung und Analyse von Korpora in diskursvariationeller Perspektive: Chancen und Probleme", en: Pusch, Claus D./Raible, Wolfgang (eds.), *Romanistische Korpuslinguistik/Romance Corpus Linguistics. Korpora und gesprochene Sprache/Corpora and Spoken Language*, Tübingen: Narr (= ScriptOralia, 126), 31-44.

Rivarola, José Luis (1986): *Lengua, comunicación e historia del Perú*, Lima: Editorial Lumen (= Colección PRISMA, 1).

Rivarola, José Luis (1990): *La formación lingüística de Hispanoamérica*, Lima: Pontificia Universidad Católica del Perú.

Rivarola, José Luis (1994): "Escrituras marginales: sobre textos de bilingües en el Perú del siglo XVI", en: Lüdtke (ed.), 191-209.

Rivarola, José Luis (1996): "La base lingüística del español de América. ¿Existió una koiné primitiva?", *Lexis. Revista de lingüística y literatura* (Lima) 20, 577-595.

Rivarola, José Luis (1998): "El discurso de la variación en el Diálogo de la lengua de Juan de Valdés", en: Oesterreicher/Stoll/Wesch (eds.) 1998, 83-108.

Rivarola, José Luis (2000a): *Español andino. Textos de bilingües de los siglos XVI y XVII*, Madrid/Frankfurt a.M.: Iberoamericana/Vervuert (= Textos y Documentos Españoles y Americanos, 1).

Rivarola, José Luis (2000b): *El español de América en su historia*, Valladolid: Universidad.

Rivarola, José Luis (2004): "La difusión del español en el Nuevo Mundo", en: Cano (ed.), 799-823.

Rivarola, José Luis (2009): *Documentos lingüísticos del Perú: siglos XVI y XVII. Edición y comentario*, Madrid: CSIC.

Scharlau, Birgit (1985): "Wie lasen die Azteken?", *Zeitschrift für Literaturwissenschaft und Linguistik* 57/58, 15-34.

Scharlau, Birgit (2005): "Tradición y traducción: Momentos de una historiografía híbrida en la América Colonial", en: Folger/Oesterreicher (eds.), 201-223.

Scharlau, Birgit/Münzel, Mark (1986): *Quellqay. Mündliche Kultur und Schrifttradition bei Indianern Lateinamerikas*, Frankfurt a.M.: Campus.

Schlieben-Lange, Brigitte (1983): *Traditionen des Sprechens. Elemente einer pragmatischen Sprachgeschichtsschreibung*, Stuttgart etc.: Kohlhammer.

Schmidt-Riese, Roland (1997): "Schreibkompetenz, Diskurstradition und Varietätenwahl in der frühen Kolonialhistoriographie Hispanoamerikas", *Zeitschrift für Literaturwissenschaft und Linguistik* 108, 45-86.

Schmidt-Riese, Roland (1998): *Reflexive Oberflächen im Spanischen. 'Se' in standardfernen Texten des 16. Jahrhunderts*, Tübingen: Narr (= Romanica Monacensia, 55).

Schmidt-Riese, Roland (ed.) (2003): *Relatando México. Cinco textos del período fundacional de la colonia en Tierra Firme*, Madrid/Frankfurt a.M.: Iberoamericana/Vervuert (= Textos y Documentos Españoles y Americanos, 3).

Schmidt-Riese, Roland (ed.) (2010): *Catequesis y derecho en la América colonial. Fronteras borrosas.* Con la colaboración de Lucía Araceli Rodríguez Gutiérrez, Madrid/Frankfurt a.M.: Iberoamericana /Vervuert.

Schmitt, Eberhard (ed.) (1986): *Dokumente zur Geschichte der europäischen Expansion*, vol. 3: *Der Aufbau der Kolonialreiche*, München: C.H. Beck.

Schulin, Ernst ([4]2004): *Die Französische Revolution*, München: C.H. Beck.

Soboul, Albert (1965/1966): *Précis de l'histoire de la révolution française*, Paris: Editions Sociales.

Soboul, Albert (1996): *Kurze Geschichte der Französischen Revolution*, Berlin: Wagenbach.

Stempel, Wolf-Dieter (1964): *Untersuchungen zur Satzverknüpfung im Altfranzösischen*, Braunschweig: Westermann.

Stempel, Wolf-Dieter (1972): "Die Anfänge der romanischen Prosa", en: Delbouille, Maurice (ed.), *Grundriß der romanischen Literaturen des Mittelalters*, I, Heidelberg: Winter, 585-601.

Stempel, Wolf-Dieter (1987): "Die Alltagserzählung als Kunst-Stück", en: Erzgräber, Willi/Goetsch, Paul (eds.), *Mündliches Erzählen im Alltag, fingiertes mündliches Erzählen in der Literatur*, Tübingen: Narr, 105-135.

Stempel, Wolf-Dieter (2005): "'Natürliches' Schreiben. Randbemerkungen zu einer stilkritischen Konjunktur im 16. Jahrhundert", en: Jacob, Daniel/Krefeld, Thomas/Oesterreicher, Wulf (eds.), *Sprache, Bewußtsein, Stil. Theoretische und historische Perspektiven*, Tübingen: Narr, 135-154.

Stoll, Eva (1995): "Competencia escrita de impronta oral en la crónica soldadesca de Pedro Pizarro", en: Kotschi/Oesterreicher/Zimmermann (eds.), 427-446.

Stoll, Eva (1997): *Konquistadoren als Historiographen. Diskurstraditionelle und textpragmatische Aspekte in Texten von Francisco de Jerez, Diego de Trujillo, Pedro Pizarro und Alonso Borregán*, Tübingen: Narr (= ScriptOralia, 91).

Stoll, Eva (1998): "Géneros en la historiografía indiana: modelos y transformaciones", en: Oesterreicher/Stoll/Wesch (eds.), 143-168.

Stoll, Eva (ed.) (2002): *La memoria de Juan Ruiz de Arce. Conquista del Perú, saberes secretos de caballería y defensa del mayorazgo*, Madrid/ Frankfurt a.M.: Iberoamericana/Vervuert (= Textos y Documentos Españoles y Americanos, 2).

Stoll, Eva (2005): "Jurisconsultos, secretarios y suplicantes: el sello jurídico del discurso historiográfico colonial", en: Folger/Oesterreicher (eds.), 225-245.

Stoll, Eva (2009): "Relación geográfica – von der Informationsbeschaffung zur Wissensvermittlung", en: Eggert, Elmar/Mayer, Christoph Oliver/Gramatzki, Susanne (eds.), *'Scientia valescit'. Zur Institutionalisierung von kulturellem Wissen in romanischem Mittelalter und früher Neuzeit*, München: Meidenbauer (= MIRA, 2), 335-352.

Suárez Fernández, Luis et al. (1982): *Historia general de España y América*, vol. 7: *El descubrimiento y fundación de los reinos ultramarinos*, Madrid: Rialp.

Tau Anzoátegui, Víctor (1992): *La ley en la América hispana. Del descubrimiento a la emancipación*, Buenos Aires: Academia Nacional de la Historia.

Thompson, Lawrence S. (1969): "The Libraries of Colonial Spanish America", en: Hanke, Lewis (ed.), *History of Latin American Civilization. Sources and Interpretations*, vol. 1: *The Colonial Experience*, London: Methuen, 36-46.

Trujillo, Diego de (1953): *Relación del descubrimiento del reyno del Perú*, Sevilla: CSIC (Copia del siglo XVIII en el Gilcrease Museum, City of Tulsa, Oklahoma).

Vázquez Chamorro, Germán (ed.) (1988): *La conquista de Tenochtitlan: J. Díaz, A. Tapia, B. Vázquez, F. Aguilar*, Madrid: Historia 16 (= Crónicas de América, 40).

Wesch, Andreas (1993): *Kommentierte Edition und linguistische Untersuchung der* Información de los Jerónimos *(Santo Domingo 1517)*, Tübingen: Narr.

Wesch, Andreas (1998): "Hacia una tipología de los textos jurídicos y administrativos españoles (siglos XV-XVII)", en: Oesterreicher/Stoll/Wesch (eds.), 187-217.

Wilgus, Alva Curtis (1975): *The Historiography of Latin America. A Guide to Historical Writing (1500-1800)*, Metuchen, NJ: Scarecrow Press.

Yánez Rosales, Rosa (2010): "Textos de curacas: evidencias andinas, usos medievales", en: Yánez Rosales (ed.), 41-49.

Yánez Rosales, Rosa (ed.) (2010): *La cultura escrita en México y el Perú, Guadalajara*, Jalisco, México: Consejo Estatal para la Cultura y las Artes/Secretaría de Cultura Gobierno de Jalisco.

II. Análisis diplomático y discursivo

Eva Stoll / María de las Nieves Vázquez Núñez

1. Motivos para una nueva edición

La única edición hasta ahora existente del texto que aquí presentamos es la preparada por Rafael Loredo; él encontró en el volumen IV de los *Estudios críticos acerca de la dominación española en América* (Madrid 1890) del padre Ricardo Cappa, dedicado a las guerras civiles, interesantes referencias a la crónica inédita de un tal Alonso de Barragán. En junio de 1940, Loredo publicó algunos pasajes de este texto –concretamente, los que tratan de la rebelión de Gonzalo Pizarro– en el *Cuaderno de Estudios* número 2 del *Instituto de Investigaciones históricas del Perú*; a esto le sigue, en 1948, una publicación del texto entero en Sevilla, por parte de la Escuela de Estudios Hispano-Americanos, que se reimprimió en 1968 en la serie de "Biblioteca Peruana".[1]

Rafael Loredo tuvo el mérito de haber hecho accesible esta crónica a un público más amplio y de haber cumplido de tal manera con el deseo del autor que tanto anhelaba que su texto fuera impreso. Evidentemente, Loredo estaba movido, más que nada, por su interés histórico. En la parte introductoria a su edición, se detiene de manera detallada en el valor informativo único del texto, sobre todo en lo que respecta a las guerras civiles peruanas: "es indudable que esta Crónica contiene datos que no existen en ninguna otra, siendo así como familiarmente se dice: fuente de primera mano" (Loredo 1948: 14),

[1] Borregán, Alonso (1948): *Crónica de la Conquista del Perú*. Edición y prólogo de Rafael Loredo. Sevilla: Publicaciones de la Escuela de Estudios Hispano-Americanos de Sevilla (XLVI, serie 7ª, núm. 3). Reimpresión en la *Biblioteca Peruana*, Editores Técnicos Asociados, Lima: Editorial Litográfica "La Confianza" SA, Primera Serie, Tomo II, 415-473.

pero no da cuenta al lector de los criterios de edición ni de los principios de interpretación que sigue. Es aun más apreciable que intente respetar algunas peculiaridades del documento como la falta de puntuación o la ortografía caótica, aunque en su transcripción no consiga mantener el criterio de la fidelidad al manuscrito de manera consecuente. En la edición de 1948 se encuentran no pocos errores, omisiones y desviaciones del texto original. Tampoco se ha respetado el orden de los papeles, el cual, como se verá después, constituye la estructura básica –y reveladora– del texto. En vista de esta situación, es deseable una edición diplomática que conserve, en la medida de lo posible, las particularidades y problemas originales del escrito.[2] Éstos son tantos y tan peculiares, que tal edición evidentemente no facilitará la legibilidad del texto. Pero hay que decir claramente que una "versión modernizada, puntuada y acentuada correctamente en lo posible, procurando sorprender el sentido exacto de las frases" como Esteve Barba (1992: 485-486) lo reclama, no es una meta alcanzable, ya que –así lo ha constatado Wulf Oesterreicher– ni la incomprensibilidad de algunos pasajes ni la ambigüedad de otros se pueden eliminar.[3] En nuestra opinión, hay que mostrar todos estos puntos oscuros, dudosos, contradictorios del texto, porque de hecho yace allí la riqueza del escrito, que es una versión no oficial de los sucesos de las guerras civiles, escrita desde la perspectiva de un soldado subalterno que se debate desorientado entre los diferentes modelos discursivo-tradicionales. El texto pertenece al grupo de las crónicas escritas por semicultos que, sólo a causa de una constelación histórica singular, pudieron tener un lugar en el prestigioso campo de la historiografía.[4] Como Alonso Borregán no es un escribiente plenamente competente, su texto ofrece una gran riqueza de fenómenos lingüísticos que son de sumo interés para el estudio del lenguaje del siglo XVI. El objetivo de esta nueva edición es, por tanto, poner a disposición de la investigación lingüística una fuente única que pueda ser de gran interés para futuros trabajos.[5]

[2] Cf. Masai 1950, Muñoz y Rivero 1970, Cortés Alonso 1986 y Real Díaz 1991. Ignacio Arellano (2004: 9) comenta con respecto a los textos indianos: "muchos historiadores los han utilizado, en efecto, sólo como fuente 'histórica' [...] y muy ancilar, sin prestar la suficiente atención al estado del texto, su legibilidad y comprensión, tomando muchas veces 'en grueso' ciertos detalles y datos, pero sin preocuparse de aspectos cruciales de las crónicas".

[3] Cf. Oesterreicher 1994b: 391.

[4] Cf. el estudio introductorio en este libro, así como Oesterreicher 1994a, 1994b, Schmidt-Riese 1997 y Stoll 1997.

[5] Cf. Oesterreicher 2007, Stoll 2011 y Stoll en prensa.

2. El manuscrito de Alonso Borregán

2.1. La documentación en el Archivo General de Indias

El manuscrito original de los *escritos y coronica* de Alonso Borregán se encuentra en la Sección Patronato, legajo 90 del Archivo General de Indias junto a otros textos que vamos a mencionar brevemente en este apartado. El término *legajo* designa una serie de textos que debido a su temática han sido archivados en un mismo lugar y bajo una misma signatura. El legajo consta de diferentes *ramos.* El Archivo General de Indias ofrece en sus *fuentes de información* un pequeño resumen del contenido de cada legajo y de cada ramo. La descripción documental de *legajo* 90, *número* 1, *ramo* 54 o *Relación de Alonso Borragán* reza:

Contenido: Relación de Alonso Borragán, en la que detalla los acontecimientos funestos que hubo con los alborotos y disturbios entre Pizarro y Almagro. Narra la historia de Perú, y la muerte que se dio a Almagro.

El contexto jerárquico del asiento es el siguiente:

Informaciones de méritos y servicios: Perú. Patronato, 90 B.
Informaciones de méritos: Perú. Patronato, S.3, SS.5.
Informaciones de méritos y servicios. Patronato, S.3.
Patronato. Patronato.
Archivo General de Indias.

Dicho sea de paso, el legajo 90 contiene también otros documentos hasta ahora no publicados que podrían resultar de interés para futuros estudios lingüísticos:

Fuentes de información del *legajo* 90:
Informaciones de los méritos y servicios del Marqués don Francisco Pizarro y sus descendientes, hechos en el descubrimiento y conquista del Perú en varios encargos que tuvieron. Se relaciona el secuestro de bienes en España de Gonzalo Pizarro y de sus cómplices en alborotos del Perú.

2 números:
Número 1. – 1521-1625. – En 60 ramos (ramos 1-38 en el legajo 90 A).
Número 2. – 1535-1551. – En 14 ramos.
(Véase: Contaduría, 2, R. 9; Contaduría, 240; Contaduría, 1784.)

En los apartados que siguen, vamos a concentrarnos en el manuscrito de Alonso Borregán e intentaremos ofrecer una descripción precisa del documento.

2.2. Descripción externa del documento

En una cuartilla con el sello del Archivo General de Indias se puede leer la nota siguiente:

Los Reyes. (Perú).

1565

Expediente promovido por *Alonso Borregan sobre* encomiendas que le fueron concedidas. Trata de los acontecimientos habidos entre Pizarro y Almagro, y las muertes de éste.

Los bordes de los folios están muy deteriorados, sobre todo en la parte final del documento. Debido a su notable deterioro, el documento original ha sido digitalizado junto con el resto de documentos pertenecientes al legajo del Patronato 90 B del Archivo General de Indias. Aunque la digitalización, en principio, hace accesible el escrito a interesados en todo el mundo, hay que destacar que existen unos cuantos pasajes prácticamente indescifrables, para cuyo estudio puede ayudar el manejo directo del manuscrito. Además, la versión digitalizada tiene la desventaja de no diferenciar colores, que son fundamentales para el estudio del texto de Alonso Borregán ya que las partes autógrafas han sido escritas en tinta azul y de ahí se pueden deducir conclusiones interesantes en cuanto al proceso de escribir y la estructuración del texto. En términos generales, la tinta originalmente negra ha tomado un característico color pardo, sin embargo, el color azul de la tinta empleada en las partes autógrafas se conserva bien.

2.3. Foliación, organización de los fascículos y de las páginas

Ocuparse de la organización de los distintos fascículos en el manuscrito original resulta ineludible para poder hacerse una idea del conjunto de estos escritos. En primer lugar, debemos tener en cuenta la numeración de cada página en el margen superior derecho, que es moderna.[6] En algunas de estas páginas se puede ver el sello del Archivo General de Indias.

Se distinguen claramente dos fascículos, pero ignoramos en qué época la disposición del documento adquirió esa estructura y cuál fue el proceso de costura.

El primer fascículo, que contiene dos peticiones y dos licencias, consta de los folios 1r al 10v, dentro del cual el subfascículo formado por los folios 1r hasta el folio 2v se diferencia porque el papel es más grueso y corto que el del resto del documento. Cada folio de ese subfascículo, el más breve de todos, mide 28,6 por 42,5 centímetros. Los folios fueron unidos al resto del documento por medio de una costura añadida de manera horizontal, mientras que en el resto del documento encontramos un cosido vertical. Este papel no tiene marca de agua. Al otro subfascículo, que consta de los folios 3r hasta el folio 6v, le fueron agregados la hoja correspondiente a la página 7r y 7v así como el pliego compuesto correspondiente a los folios 8r hasta el 9v. Estas páginas cosidas, del 7r al 9v, son las que incluyen las partes autógrafas. Las páginas miden aquí 22 por 30,8 centímetros, el papel es más rugoso y fino que en otras. Algunos márgenes han sido cortados con tijeras. En la parte superior izquierda del folio 3r se puede leer la fecha "1565" así como la siguiente nota: *que no ay disposiçion para hazerse lo que pide en madrid (16) 17 de enero 1565 años.*

El folio 10r está en blanco, mientras que el 10v incluye una *ordinaria* para que se concedan indios a Alonso Borregán para la explotación de unas huacas, firmada por el Conde de Nieva. El folio 11r es, de nuevo, folio en blanco, mientras que el 11v contiene la licencia para *labrar vnas guacas* dada por el Conde de Nieva a Alonso Borregán y su hijo.

En conclusión, podríamos decir que el primer fascículo se caracteriza por los numerosos folios cosidos que se prestan para dar forma a un conjunto heterogéneo de documentos.

[6] El revés de cada folio refleja una numeración especial en la parte inferior izquierda que ordena los pliegos desde el comienzo del manuscrito hasta el folio 12v. No podemos determinar si esa numeración es de la época o si es posterior.

El segundo fascículo, que consta de pliegos de papel homogéneos, constituye el cuerpo fundamental del documento (folio 12r hasta el 51r) y comprende el relato historiográfico. También en este apartado nos encontramos con distintos subfascículos: uno que va del folio 20r hasta el 23v cosido al fascículo principal, y otro a partir del folio 46r hasta el final del documento, al cual han sido pegados algunos folios más.

Con el transcurso del tiempo la encuadernación ha sufrido muchos deterioros. El estado del papel dificulta, lógicamente, el recuento de los pliegos. El papel es más pequeño que el del fascículo primero, mide 19 por 27 centímetros. Especialmente dañados están los folios 34r, 48r y 48v. En ocasiones la fuerza ejercida con la pluma sobre el papel ha dado lugar a agujeros y roturas que hacen irrecuperables palabras enteras. Merece la pena detenerse en el folio 51r, que ha sido pegado con posterioridad a un tipo de papel diferente, en el cual reconocemos una marca de agua compuesta por dos leones pequeños rampantes que sostienen una cruz.

A pesar de la densidad de la escritura, podemos ver en la primera y la segunda páginas del segundo fascículo una marca de agua que podríamos describir como una serpiente con la boca abierta en cuya cabeza es visible una corona, muy similar a las marcas de agua empleadas en la corte castellana de los siglos XV y XVI.[7]

De la estructura material descrita se puede deducir, por un lado, que los dos fascículos provienen de fases de escritura diferentes, y por otro, que diferentes papeles se unieron para formar un conjunto. Por el momento, vamos a dejar aquí los comentarios sobre las características materiales del documento, a las que volveremos más adelante cuando demos paso a nuestras consideraciones acerca de la postura del autor y acerca de cuál pudo ser el proceso de escribir llevado a cabo por él.

[7] Cf. Briquet 1968. En este trabajo clásico puede encontrarse un registro pormenorizado de los motivos más característicos de las marcas de agua en manuscritos europeos. Para este estudioso, la serpiente es un motivo muy común en Italia, España y Alemania: "Son nom est resté attaché à una sorte de papier mince, appelé *serpente.* Ce n'est que justice, car dès le milieu du XV siècle, certains papiers *a la serpente* étaient remarquablement beaux et minces" (Briquet 1968: 676-677, volumen IV).

2.4. Tipos de escritura

En los *escritos y coronica* de Alonso Borregán son reconocibles –aparte de las dos licencias integradas– cinco manos distintas que participaron en la escritura del manuscrito, la del autor incluida. En el siguiente cuadro sinóptico las distinguiremos con letras mayúsculas; corresponden a diferentes documentos y, en parte, a diferentes tipos textuales.

Primer fascículo

Petición 1

folio 1r y 1v (firmado por Alonso Borregán) — B

Petición 2

folio 3r hasta 7r — C
(el folio 6v está firmado por Alonso Borregán)

en el folio 7r : añadidos de carácter autógrafo — A

folio 7v hasta 9v — A

Licencia 1

folio 10v — (F)

Licencia 2

folio 11v — (G)

Segundo fascículo

Petición 3

folio 12r hasta 15r — D
(en el folio 15r: añadidos de carácter autógrafo y firma)

Crónica

folio 15v - folio 20r — D

folio 20v - folio 50r — E

folio 50v - folio 51r (autógrafo) — A

Los tipos de escritura que encontramos en los escritos de Alonso Borregán son varios, a saber, la cortesana, la humanística cursiva del tipo bastarda española y la procesal, que derivan todos de la gótica.[8] Este hecho refleja muy bien la situación en Castilla y en las Indias en el siglo XVI, cuando es manifiesta la simultaneidad de varias escuelas y tipos de escritura.

La escritura cortesana tiene una vida corta: se forma entre 1400 y 1425 y va desapareciendo durante la primera mitad del siglo XVI. Aparte de ser utilizada en la Secretaría Real y en el Consejo de Indias, se emplea también para documentos particulares.[9] Sin embargo, a partir de la segunda mitad del siglo XVI es desplazada, en el campo de la documentación privada, por la humanística del tipo bastarda española: "Esta misma letra bastarda alcanzó mayor éxito en Castilla que en el siglo anterior, especialmente en los últimos años del siglo XVI [...]. Su uso, sin embargo, se limitó á las cartas misivas, á los libros manuscritos y á los documentos de índole puramente privada."[10] Hasta comienzos del siglo XVIII es la escritura más difundida de la época y es utilizada por toda suerte de personas de la población alfabetizada, salvo los escribanos que mantienen variantes de la procesal.[11]

La escritura procesal nace en el siglo XV[12] y es corriente hasta mediados del siglo XVII. Fue utilizada en los tribunales de justicia, en los procesos, de donde proviene su nombre. Las escrituras públicas castellanas –en los juzgados, notarios, audiencias, etc.– se realizaban más que nada en las variantes de la procesal, ya que este tipo de letra facilitaba una mayor velocidad al escribir. La procesal se puede entender como resultado de cursivizar al máximo la cortesana. Esto lleva incluso a cierta degeneración ya que la forma

[8] Cf. Riesco Terrero/Ruiz García/Domínguez Aparicio/Sánchez Prieto 1995: 179.

[9] La cortesana es la escritura documental por excelencia en tiempos de los Reyes Católicos. Según Riesco Terrero/Ruiz García/Domínguez Aparicio/Sánchez Prieto 1995 son rasgos típicos de este tipo de letra "la elegancia y claridad formal, y armonía y fluidez en el trazado, en las proporciones y en el diseño".

[10] Muñoz y Rivero 1970: 40.

[11] Cf. Riesco Terrero (1999: 174): "En resumen, la bastarda formada era la letra propia de la clase privilegiada –con independencia de la condición de eclesiástico o de seglar del usuario– y de los que se servían de la pluma para otras profesiones liberales, salvo los escribanos –los cuales practicaban todavía variedades procesales más o menos correctas– y los mercaderes, comerciantes y demás oficios afines, quienes recurrirían a la redondilla, o escritura de rango inferior."

[12] En tiempos de los Reyes Católicos ya era costumbre distinguir entre dos tipos de letra, la cortesana y la procesal, en el ámbito de la Corte de Castilla.

de las letras se tiende a desfigurar y se multiplican los rasgos superfluos como bucles y lazos.[13] El hecho de que se exageren los nexos y se pongan abundantes enlaces genera irregularidades en cuanto a la separación de palabras. Todo esto trae como consecuencia dificultades para la interpretación o incluso la legibilidad de la letra, la cual era criticada ya en la época.[14] A pesar de las críticas sufridas en este sentido, la escritura procesal tuvo una larga trayectoria 'refugiada' entre los notarios y escribanos de oficio hasta mediados del siglo XVII.[15]

En el siguiente apartado, presentaremos las cinco manos distintas que aparecen en el manuscrito y que corresponden a los tres tipos de escritura que acabamos de esbozar brevemente: la mano autógrafa (A), tal como la mano B, se pueden caracterizar como escrituras cortesanas, la mano C es del tipo humanístico y las manos D y E, que abarcan todo el fascículo 2 del documento, representan la escritura de tipo procesal.

Mano A o autógrafa (folios 7r hasta 9v, 50r hasta 51r)

Al final del folio 50r se puede leer la siguiente anotación añadida: */y porque me a fatado un mozo que me screvia ba esto de mi letra el [--] lo suplo* de lo que se puede deducir que la letra corresponde al autor mismo. Encontramos la mano autógrafa en tinta azul, además de en los folios finales 50r, 50v y 51r, al final del folio 7r y hasta el folio 9v, es decir, en ambos fascículos claramente separados. Se trata de una letra algo inestable, tendente hacia la parte supe-

[13] Cf. Muñoz y Rivero (1970: 40) sobre la escritura procesal en el siglo XVI: "la escritura procesal siguió usándose por los escribanos con preferencia a la cortesana, y empeorando progresivamente, hasta el extremo de que no sólo ofrece hoy dificultades para su interpretación, sino que en su tiempo era ya casi ilegible, y de ello se quejaban continuamente sus contemporáneos. La separación irregular de las palabras, el continuo ligado de la escritura, la poca fijeza en materia de abreviaturas, la confusión que resultaba de la imperfecta figura de las letras, algunas de las cuales, como la b, c, e, l y s, presentaban con frecuencia la misma figura, y la profusión de rasgueos inútiles, son caracteres que hacen de la escritura procesal del siglo XVI una de las de más difícil interpretación."

[14] De hecho, la Corona intentó fomentar el empleo de la cortesana, como se puede deducir de varias disposiciones hechas a principios del siglo XVI. Sin embargo, los escribanos siguieron prefiriendo la procesal, la cual fue criticada también por muchos escritores como Luis Vives o Santa Teresa. Cf. Muñoz y Rivero 1970: 40.

[15] Marín Martínez 1991: 9.

rior derecha del folio. No aparecen muchas abreviaturas. Entre las palabras se puede ver una puntuación que corresponde probablemente a la técnica de escribir consistente en apoyar de cuando en cuando la pluma en el papel. Este tipo de letra es una cortesana muy angulosa.

Entre las vocales, la <a> y la <e> presentan características similares. La <i> es utilizada también como variante gráfica del nexo conjuntivo *y,* mientras que la variante <j> o *i larga* es la más común en el caso de diptongo. Para la presente transcripción no hemos contemplado esta segunda variante; la hemos unificado, según el caso, con <i>. En cuanto a la vocal <o>, el trazo es muy abierto arriba y puede llegar a confundirse con la <u>. Esta última vocal se asemeja, en ocasiones, a la <n>.

En relación a las consonantes, aquí se enumeran brevemente las características más importantes de la mano A o autógrafa:

- La <b> y la <v> se diferencian gráficamente. La <b> se usa más que la <v>, la cual se parece mucho a la <u>.
- La <ç> no se diferencia, sistemáticamente, de la variante <c>.
- La <d> es de tipo uncial y volteado.
- La <g> es de tipo precortesano con tres o cuatro variantes.
- La <h> consta de una <l> carolingia con una <e> en forma de apóstrofe y que se une sistemáticamente a la siguiente letra del contexto.[16]
- La grafía <j>, que representa al fonema /x/, tiene un trazo grande que la diferencia de la <j> con valor vocálico. Consta de dos trazos: el primero es horizontal, el segundo desciende de manera oblicua.
- El trazo de las nasales <m> y <n> es corto y estrecho.
- La <q> con línea horizontal superior significa *que.*
- La <r> tiene dos variantes: una entre vocales y otra al comienzo de palabra, de desarrollo más complejo (y en ciertos casos parecido al de la secuencia <tr>), con dos trazos perpendiculares en posición vertical que se cruzan en el medio. Se trata de una <r> de *martillete doble,* por lo demás característica del tipo de escritura cortesana.[17]
- La <z> es muy larga con desarrollo vertical.

[16] Cf. Riesco Terrero/Ruiz García/Domínguez Aparicio/Sánchez Prieto 1995: 189 ss. Esta descripción se asemeja a la de la gótica cortesana descrita para el documento del Archivo de la Villa de Madrid, conocida por algunos autores como *prehumanística.*

[17] Cf. Riesco Terrero/Ruiz García/Domínguez Aparicio/Sánchez Prieto 1995: 179.

Podemos concluir que el tipo de escritura de Alonso Borregán, aunque claramente clasificable como cortesana, refleja unos rasgos en parte arcaizantes con respecto a otras letras del documento. A pesar de su relativa fluidez, resulta muy personal y poco profesional en la elaboración del trazo y el desarrollo gráfico.

En lo que sigue, se puede ver una muestra de la mano autógrafa, tomada del folio 8v:

Mano B (folio 1)

El tipo de letra B, como la hemos denominado en el esquema inicial, aparece sólo en el primer folio y corresponde, tanto como la mano A, a la cortesana redonda. Muchos de los rasgos descritos anteriormente caracterizan, por ello, también a la letra B. Sin embargo, hay que resaltar los aspectos siguientes: en contraste al tipo de letra autógrafa, la letra B es de rasgos muy determinados, de gran tamaño, notablemente mayor en el folio 1v, tanto más al final de la petición. Parece más dinámica y más fluida, sobre todo porque algunas letras tienen un desarrollo excesivo de su parte inferior: la <g> tiene una cola muy grande y convexa, abierta hacia la izquierda, y la <h> muestra un trazo final que se inclina hacia la izquierda y vuelve a la derecha. La parte superior se desarrolla marcadamente en el nexo conjuntivo *y*, sobre todo a principio de línea, cuando se introduce un nuevo apartado, y en la <a>, que en posición inicial suele curvar su trazado hacia la izquierda. En varias ocasiones, la <a> está rodeada de un círculo. Aparecen algunas abreviaturas, muchas de ellas marcadas con medio círculo como en el caso de *md* o *vra*. La <d> no siempre es uncial. En vez de la <i> se emplea también la variante *i larga*, sobre todo después de la <m>.

Por la fluidez de la escritura y la clara estructuración del documento, se podría tratar de la obra de un escribano mayor. Es interesante reparar, en todo caso, en la diferencia existente entre esta mano, que proviene de un experto de escribir, y la mano de Alonso Borregán, que es menos entrenada.

Mano C (folios 3r hasta 7v)

En el caso del tipo de letra C que corresponde a la segunda petición de Alonso Borregán, incluida en el primer fascículo del manuscrito, se trata de una humanística cursiva que algunos estudiosos prefieren denominar "bastarda española", característica de algunos documentos indianos conservados en el Archivo General de Indias de Sevilla, y letra típica, por otra parte, durante el reinado de Felipe II (1556-1598). Las grafías son de menor tamaño y las líneas guardan poca distancia unas de otras, tendiendo hacia el margen superior derecho del papel. Este tipo de letra se caracteriza, además de por su cuerpo reducido, por la sensación de dinamismo que se produce por el aspecto ondulante de la escritura. Esto se debe a que en los caídos de algunas letras (sobre todo la <y>, la <g> y la <p>), el trazo se vuelve de forma ascendente para enlazar con el signo siguiente.[18] Además, se desarrollan muy poco los astiles superiores. Las palabras se unen con mucha frecuencia unas a otras y se encuentran algunas abreviaturas corrientes de la época. Entre los rasgos característicos, destacamos los siguientes:

- Muy peculiar es el uso de la grafía <y> y su unión con la grafía contigua, por medio de una línea paralela ascendente.
- La <d> es constantemente del tipo uncial.
- La <h> se diferencia claramente de la <f>.
- La [r] vibrante múltiple es representada gráficamente por <rr>.
- La <s> presenta variantes que van desde una que se asemeja a la vocal <e> a otra que recuerda a una sigma griega.
- En algunos nexos aparece una media circunferencia, p. ej. en <ce> y <ci> o en el nexo relativo <que> y en la preposición <en>.
- La vocal <o> también aparece rodeada con frecuencia de una media circunferencia; en ciertas ocasiones, resulta difícil diferenciarla de la <e>.

En comparación con la letra autógrafa, la mano C parece ser más entrenada y fluida.

Dos manos parecidas: D y E (folios 12r hasta 50r)

Estas dos manos, que hemos acordado denominar D y E, constituyen dos variantes del mismo tipo de escritura, que es la procesal cursiva. Se trata de la escritura de un escribano profesional, parecida a la que aparece tanto en otros documentos del legajo 90 B, número 1 como en el del ramo 43.[19]

Distinguimos, aunque se parecen bastante y muestran rasgos procesales comunes, dos manos diferentes en el núcleo central de los *escritos y coronica* de Alonso Borregán: la mano D, presente en los folios 12r hasta el 20r, y la mano E, presente en los folios 20v hasta el 50r. La mano D es de trazo más

[18] Cf. Riesco Terrero 1999: 171.

[19] Este ramo consta de diversas copias a mano de un mismo documento. Cada copia fue hecha en una provincia diferente del virreinato del Perú. Precisamente en la realizada en Guaylas (nombre que se puede leer en la parte superior derecha del folio) encontramos un tipo de letra similar al que hemos denominado como tipo D en el manuscrito original de Alonso Borregán. El nombre de la provincia de Guaylas aparece en los *escritos y coronica* mencionado, por ejemplo, en los folios 31r y 39v.

amplio y largo; se caracteriza por abundantes rasgueos superfluos, sobre todo en las líneas horizontales que se acentúan tanto entre los renglones como en el final de la línea. Las grafías adquieren formas más redondas y ondulosas que las de la mano D. Se hace evidente el carácter cursivo de la letra, ya que se tiende mucho a ligar las palabras. En cambio, la mano E separa las palabras más claramente, aunque no por ello dejamos de encontrar también, como es normal en una letra procesal, las ligaduras. El trazo de la mano E es más corto y realiza menos rasgueos superfluos. Las formas son más cuadradas y, por lo general, resulta difícil distinguir las letras <l>, <e> y <s>, a veces incluso la <b>. Las manos D y E no destacan por el empleo de abreviaturas; cabe indicar, sin embargo, que su frecuencia es ligeramente mayor para la mano E.

Este segundo fascículo realizado en dos variantes de la procesal (es decir, como venimos viendo, las manos D y E) es la parte del manuscrito que trae más dificultades de interpretación para los editores. De hecho, se suman varios aspectos problemáticos: la difícil lectura de este tipo de escritura, en el cual algunas letras no se suelen distinguir; el deterioro del papel y el daño manifiesto en algunos folios; no menos destacable resulta la obvia inseguridad de los escribientes en la graficación de los topónimos y antropónimos indianos.[20] Por estas razones, no en todos lugares es posible ofrecer una transcripción absolutamente certera; y hay que contar con el hecho de que no siempre se puede encontrar una solución unívoca. Intentaremos, sin embargo, en la medida de lo posible, destacar todos los puntos dudosos con la ayuda de las convenciones que se explican en el apartado siguiente.

Como hemos visto, encontramos en los *escritos y coronica* de Alonso Borregán las tres clases de letra que se utilizaban en el siglo XVI: la cortesana (la mano autógrafa y B), la humanística (C) y la procesal (manos D y E). Dado que la vigencia de estas distintas escuelas coincide con la época de escritura de nuestro manuscrito, resulta imposible construir –partiendo de las diferentes manos– una cronología de los documentos en cuestión. Obviamente, influyen en la preferencia por un cierto tipo de escritura también datos biográficos como la edad del escribano o escribiente, su formación particular, etc. Este hecho se puede comprobar fácilmente considerando, por ejemplo, el tipo de escritura de Borregán que es la más arcaizante, pero forzosamente posterior a los documentos anotados por él, de un tipo de escritura más moderno. Las diferentes manos corresponden a distintas par-

[20] Posteriormente vamos a comentar este aspecto con más detenimiento.

tes del texto y a diferentes fases de elaboración. Sin embargo, no sabemos nada sobre la procedencia de los escribanos y escribientes, ni sobre dónde y bajo qué circunstancias realizaron su trabajo.

Lo que sí podemos concluir de este análisis material y paleográfico es que estamos ante una compilación de documentos, en cuya realización están implicadas diferentes personas, y que corresponden a tradiciones discursivas diversas; no obstante, están relacionados y vinculados entre sí por la voluntad del autor que pretende presentarlos ante el Rey como un conjunto todo explicativo de su vida y sus reivindicaciones. El hecho de que los documentos diversificados en cuanto a escritura, tamaño de papel, modelo textual, etc., estén cosidos unos a otros, formando de esa forma una unidad heterogénea, nos parece reflejar la fuerte interrelación existente entre estos papeles, y es significativo (o por lo menos simbólico) para la tenacidad del autor de acumular toda la fuerza probatoria inherente a los diferentes documentos histórico-narrativos y notariales para su gran proyecto personal. La voluntad de unificar los escritos se ilustra, además, en las anotaciones y firmas del autor que se encuentran tanto en el primer fascículo como en el segundo.

3. Convenciones para la presente edición

Para la presente edición de los *escritos y coronica* de Alonso Borregán seguiremos en gran medida los criterios de edición que en su día se tuvieron en cuenta en los trabajos llevados a cabo dentro del proyecto de investigación subvencionado por la Sociedad Alemana de Apoyo a la Investigación (*Deutsche Forschungsgemeinschaft*) y que llevaba por título *El español en textos escritos por semicultos. Competencia escrita de impronta oral en la historiografía colonial de Hispanoamérica (1500-1615)*,[21] especialmente en los trabajos de Stoll (2002) y Schmidt-Riese (2003). Se trata de representar, con un alto grado de fidelidad al texto, la riqueza de su variación lingüística a través de la variación gráfica. Como existe sólo un manuscrito y éste se encuentra en un estado precario en muchos sentidos, no se puede reconstruir 'lo que el autor quería decir'. Por esta razón seguimos el concepto de una edición diplomática que pretende una

[21] Este proyecto se llevó a cabo en la Universidad de Friburgo, entre 1991 y 1996, bajo la dirección de Wulf Oesterreicher. Cf. Oesterreicher 1994a.

transcripción de alta fidelidad al manuscrito original, en la cual la intervención del editor es mínima.[22] Se intenta representar, en la medida de lo posible, las variantes textuales que se manifiestan en vacilaciones de grafía tanto como en añadidos, borrados y sustituciones, para abrir de esta manera el camino a interpretaciones lingüísticas y filológicas en todos los niveles.[23]

Dado que la organización material del manuscrito resulta singular y reveladora, hemos optado por conservar la estructura formal del documento, es decir, hemos respetado la distribución de los folios y de las líneas. Con esta decisión queremos facilitar también –por si es necesario– la comparación de nuestra transcipción con el manuscrito original. En cambio, no ofrecemos indicaciones sistemáticas de las diferencias entre la edición de Rafael Loredo y nuestra transcripción. Comentamos en notas a pie de página sobre todo las soluciones divergentes de la edición cuando la lectura del manuscrito resulta dudosa.

3.1. Foliación

En la edición se transcribe el texto atendiendo a la diferenciación de folio recto [fol. r] y folio verso [fol. v] que aparecerá siempre indicando el folio que sigue.

3.2. Marcas de estructuración formal y puntuación

La puntuación constituye por sí misma un problema para la edición de cualquier texto de la época. Al igual que en Stoll (2002) y Schmidt-Riese (2003), hemos decidido rechazar la puntuación moderna, e intentamos representar, en la medida de lo posible, los signos existentes en el texto, aun-

[22] Según Balduino (1989: 40) la edición diplomática "intende essere l'esatta e fedele riproduzione a stampa di un esemplare manoscritto, senza che abbia luogo, da parte dell'editore, il benché minimo intervento, né per sanare lacuni ed errori anche manifesti, né per eliminare lezioni che siano state eventualmente cassate e magari sostuite da altre a margine o nell'interlinea, né per regolarizzare la divisione delle parole e alterare l'*usus* grafico-fonetico, compresi particolari anche minimi como segni d'interpunzione, capoversi e simili". Pero hay que decir que una reproducción impresa no es posible, ya que muchos aspectos requieren una interpretación de las editoras.

[23] Cf. también los comentarios en Fernández Alcaide 2009: 62 ss.

que éstos no se empleen de manera sistemática y varíen según el tipo de escritura: así, por ejemplo, podemos notar que en la primera petición los signos de puntuación se utilizan mucho más que en la segunda. También la temática y la tradición discursiva tienen cierta influencia aquí: en el relato historiográfico (manos D y E), las marcas de estructuración suelen ser menos frecuentes que en las peticiones, a excepción de algunas enumeraciones, sobre todo las que se encuentran en el folio 42r.[24] Encontramos también, en las páginas autógrafas, al igual que en la primera petición (mano B), numerosísimos puntos. Pero éstos no son atribuibles ni a marca de párrafo ni a enumeración, ni siquiera a parada fónica, sino que se deben a la propia labor de escribir con pluma y tinta. Por supuesto, estos puntos no se transcriben en la edición.

Los signos de puntuación que más aparecen son barras oblicuas y algunos puntos; en ambos casos los transcribimos tal cual.

La organización de los párrafos es más complicada; existen varios signos para indicar el inicio y todavía más para indicar el final de párrafo, como por ejemplo barras oblicuas, filigranas, guiones, bucles, etc. Hemos decidido indicar en nuestra transcripción el inicio de párrafo con un guión medio largo – y con la primera letra escrita en mayúscula. El final de párrafo lo indicamos con barra oblicua, siempre y cuando tal signo se encuentre en el manuscrito; en todos los otros casos, lo marcamos con un guión largo —. Entre los párrafos se deja media línea en blanco para representar el espacio libre que en el manuscrito aparece en la mayoría de los casos.

3.3. Separación de palabras

Las palabras se separan según el uso moderno. Se introducen también guiones para la segmentación de palabras que inician en una línea y concluyen en la siguiente. Por otro lado, se mantienen las frecuentes contracciones del manuscrito.[25] Seguimos, en este aspecto, el criterio expuesto claramen-

[24] En el folio 42r se nombran extensamente, a manera de enumeración, los territorios por los que trajinó la expedición española en su camino hacia el Perú. En los folios que siguen se encuentran más enumeraciones, por ejemplo de alimentos (en el folio 44), pero aquí con menos signos de estructuración.

[25] Como se ha comentado antes, las ligaduras son, en gran medida, un resultado de la técnica gráfica. Una tendencia forzada hacia la ligadura se encuentra sobre todo en la escritura procesal, en nuestro caso todavía más en la mano D que en la mano E.

te por Schmidt-Riese (2003: 33-34), según el cual se conservan aquellas ligaduras entre palabras que sean el reflejo de una "resilabificación" o asimilación fonética clara, como es frecuente en casos como "quellos" (fol. 3r), "destos" (fol. 3r), "samiguel" (fol. 6r), etc.

3.4. Acentuación y signos gráficos *ñ* y *ç*

En cuanto a la acentuación, rige también el principio de transcribir fielmente lo que se encuentra en el manuscrito, sin suplir lo que falta y sin regularizar la escritura. Así, se transcriben tanto todas las cedillas como las vírgulas de la letra *ñ* que aparecen en el manuscrito. No se acentúan las palabras según las reglas del español moderno.

3.5. Mayúsculas y minúsculas

Las letras mayúsculas sólo se utilizan para marcar el comienzo de un párrafo, mientras que los nombres propios y de lugar son transcritos en minúsculas. La primera letra del encabezado, del texto principal y de la firma se ponen en mayúscula porque se entienden también como inicio de una parte del texto separada.

La variante gráfica <R> mayúscula, algo más frecuente en el caso de palabras como "Rey" o "Real", y que representa a la [r] vibrante múltiple en posición inicial o implosiva, se transcribe como <rr> minúscula.

3.6. Abreviaturas

Las abreviaturas se transcriben teniendo en cuenta el criterio de materialidad, es decir, las letras legibles de cada abreviatura se representan rectas, mientras que para las inferidas se usan las cursivas. Así, la palabra "majestad" puede aparecer resuelta como <m*agesta*d> o también, según el caso, como <mag*estad*>. Desatamos las palabras tal como el escribano o escribiente en cuestión las habría escrito.[26] Evidentemente, esto sólo lo podemos

[26] Cf. también los comentarios en Wesch 1993: 44 y Schmidt-Riese 2003: 32-33.

saber si la palabra desatada se encuentra en el mismo documento. Sin embargo, ni siquiera en este caso es siempre posible una solución inequívoca: en el caso de la mano autógrafa, por ejemplo, encontramos abreviaturas tales como <md> y <mers>, junto con las formas desatadas <merçed> y <merced>. Como la primera es más frecuente, en la transcripción que ofrecemos se desata de acuerdo con ésta.

Casos frecuentes de abreviatura, que pueden diferir según las diferentes manos e incluso dentro de un mismo tipo de escritura, son los siguientes:

majestad	mag*estad* – m*agest**ad* (ambos en C)
merced	m*erçe*d (en A, B, C y D) – merç*ed* / m*erçe*d (en E)
pesos	p*eso*s – pesos (ambos en A)
vuestra	v*uest*ra (en A, C, D, pero con más frecuencia en E) – v*uest*r*a* (en C)
vecino	v*ezin*o (manos B y C; también en E, pero en la mayoría de los casos en forma desatada)
nuestro	n*uest*ro (manos C y E)
servicio	serui*ç*i*o* (mano C y una vez en la mano E)

Con frecuencia, encontramos en el mismo documento tanto la abreviatura (o varios tipos de abreviatura) como la palabra desatada.

3.7. Nexos tradicionales y economía gráfica

No siempre es fácil diferenciar los casos de abreviatura de cierta economía gráfica que se manifiesta en algunos nexos tradicionales y también de los casos de descuido en los que se olvida escribir algunas letras. Nexos tradicionales son, por ejemplo, consonante más *-er-*,[27] en cuyo caso a veces sólo se escribe la primera consonante (cf. <v*er*dad>), o el sufijo *-do* que se puede representar como <d> con una línea superior o simplemente como <d>. En nuestra transcripción tratamos estos casos como a las abreviaturas, es decir, las letras inferidas van en cursiva.

Sin embargo, puede resultar difícil distinguir esta economía gráfica que se manifiesta, más que nada, en la escritura procesal, de casos de omisión

[27] Cf. Wesch 1993: 44. En nuestro texto se trata, más que nada, del nexo *ver-*.

de letras por descuido. Así, por ejemplo, encontramos en la mano E las grafías <chincha> (fol. 23r), <hincha> (fol. 26v), <chile> (fol. 29v), <hile> (fol. 31r). ¿Es esto acaso una forma del escribano de simplificar la escritura de estas letras iniciales o lucha, al igual que en otros casos, contra los topónimos americanos? Sólo podemos acercarnos a esta cuestión tomando en cuenta la frecuencia de ciertas combinaciones y las particularidades de las manos respectivas.[28]

Esto significa que la omisión de un grafema puede ser representada en la transcripción de manera diferente, según la interpretación llevada a cabo sobre la base de los criterios mencionados.

3.8. Borrados, añadidos y sustituciones

Las partes añadidas, que normalmente se realizan o en la misma línea o entre líneas, se transcriben entre //barras dobles//. Las correcciones o añadidos de otra mano se comentan adicionalmente en una nota al pie de página.

Se presentan [entre corchetes y en letra normal] las partes que son inferidas en función del contexto: letras o palabras prácticamente indescifrables a causa del mal estado del papel o de una escritura deficiente. Si no existe base para realizar inferencias válidas, se incluye un guión entre corchetes [-], en principio uno para cada letra; en el caso de que no se pueda saber el número exacto de las letras indescifrables, se procura ofrecer una aproximación realista de la extensión de los fragmentos ilegibles. Los corchetes son frecuentes en nuestra transcripción, ya que optamos por reflejar los numerosos casos en los que la lectura resulta difícil y existen varias posibilidades de interpretación.

El material gráfico borrado o tachado se representa (*entre paréntesis y en cursiva*); en caso de que la letra tachada no sea reconocible, se emplea un guión (-) en su lugar. Si ese material fue sobrescrito, se añade un medio paréntesis agudo de cierre (*al final de la transcripción de lo borrado o tachado*>) como indicación de "lo previo ha sido sustituido por lo que continúa". En algunos casos es evidente que se ha realizado una corrección, aunque no sea posible reconstruir la primera fase de la escritura; estos casos

[28] Especialmente al final de línea, y según el tipo de mano, resulta complejo decidir si nos encontramos ante un caso de grafía omitida o una abreviatura o más bien ante un descuido del escribano.

se comentan a través de una nota de página, siempre que se pueda ofrecer una hipótesis sobre el estado previo.

3.9. Tipos de letra

El rasgo más particular de los escritos de Alonso Borregán es, sin duda, la inclusión de partes autógrafas en tinta de color azul. Para marcar su carácter diferencial, hemos escogido un tipo de letra diferente al del resto de la edición. De esta manera es posible, como lector, seguir algunos rastros del autor en el proceso de escribir, en que el autor lucha arduamente por preparar un documento convincente para la Corona.

4. Biografía de Alonso Borregán

Sabemos muy poco sobre la vida de nuestro protagonista, cuyo nombre se menciona en un solo documento de la época.[29] Tenemos que basarnos en los escasos datos biográficos que él mismo introduce diseminados a lo largo de sus escritos.[30] Ni siquiera sabemos algo certero sobre su procedencia y poco podemos deducir de su forma de escribir que nos trae básicamente fenómenos diafásicos y diastráticos, pero no tanto diatópicos. El único indicio que tenemos son sus ataques contra los extremeños, andaluces y vascos, por lo cual parece improbable que comparta con ellos la procedencia geográfica; posiblemente fuera castellano: "Por lo qual çesaria mag*estad* mire lo que haze a quien encarga y da sus cargos de jus*tiçi*a y enbia aquellos rreynos que no sean estremenos ni andaluzes syno castellanos y buenos *christ*ianos temerosos de dios" (fol. 6v).[31]

[29] Loredo (1948: 14) se refiere a un documento en el que se habla de Borregán "fundiendo en Cuzco, en marzo de 1538". Como en España no existe el nombre *Borregán*, pero sí las variantes *Borregón* y *Barragán*, Loredo (1948: 13-14) concluye que el conquistador modificó su nombre –como ocurrió con bastante frecuencia en aquella época–.

[30] Por esta razón no existe mucha literatura secundaria sobre el autor. Cf. sobre todo la introducción de Loredo a su edición del texto 1948: 11-29, Porras Barrenechea 1986: 274-278, Carrillo Espejo 1989: 37-42, Esteve Barba 1992: 484-486, Oesterreicher 1994, Stoll 1997: 228-265, Vázquez Núñez 2002: 8-15, Folger 2005, Stoll 2005 y Folger 2011.

[31] Sabemos que en la conquista participaron –además de los extremeños y andaluces– también numerosos castellanos, cf. Rosenblat 1964, también Boyd-Bowman 1985 y Castrillo Mazeres 1992.

El editor Rafael Loredo (1948:16) concluye que Alonso Borregán probablemente llegó desde Guatemala con Pedro de Alvarado. Según él mismo indica, debió de haber desembarcado en torno a 1525 en el Nuevo Mundo, pues Borregán informa, en 1565, haber servido ya más de 40 años en América. Nuestro autor se considera uno de los primeros conquistadores de la tierra americana; así lo subraya varias veces en sus escritos: "como primero y mas antiguo e*n* descubrir y conquistar y auer bertido mi sangre y auer gastado mi bida y mozedad e*n* su rreal serui*çio*" (fol. 3v).

Es un hecho decisivo, sin embargo, que llegara al Perú sólo después de la conquista del Cuzco, lo que significa que no recibió parte de las riquezas del rescate de Atahualpa. No es casualidad, por tanto, que su crónica parta de este suceso: "Pues abido y rrepartido el thesoro que en cajamarca auido entre toda s[u] jente y caballeros en la toma y muerte de ataba(*ualba*>)lipa" (fol. 15v). Borregán pertenece definitivamente al grupo de los así llamados 'segundos conquistadores' y este hecho es decisivo para su perspectiva personal e historiográfica.[32] Encontramos aquí la base de su sentimiento de no ser tratado con justicia en comparación con otros conquistadores.[33]

Él mismo cuenta que fue uno de los primeros vecinos de Trujillo, población en la que se quedó, por lo menos, hasta el año 1537, y donde lo encontramos a las órdenes de Francisco Pizarro cuando éste envía tropas para defender la Ciudad de los Reyes. Más tarde sería vecino de Lima, donde permanece hasta su viaje a España a finales de 1564. Borregán se casó con una hija de Juan de Osorno, un conocido encomendero de la región de

[32] Cf. Oesterreicher 1994: 386. También hay que recordar que el reparto del botín fue el origen de posteriores enfrentamientos entre soldados que, en un primer momento, acataron fielmente las órdenes del *gobernador* Francisco Pizarro. En el seno de la primitiva tropa conquistadora se fueron forjando disputas y envidias, haciéndose cada vez más evidente la diferenciación social y el ansia de poder.

[33] Cf. Porras Barrenechea (1986: 34): "El hombre de las guerras civiles, el nuevo poblador de las ciudades, tiene intereses distintos y contrarios a los primeros conquistadores. Éstos son vecinos llenos de privilegios y señores de encomienda. El recelo contra ellos y una actitud acre para todos sus actos surgen en todas las crónicas. Es el resentimiento típico de los mercaderes y juristas contra la clase guerrera y conquistadora. El nombre de los Pizarro se hallaba infamado después de la revolución de Gonzalo, y Gasca representaba los derechos y las expectativas de los advenedizos funcionarios frente a los viejos conquistadores. Es la lucha de los bisoños recién llegados contra los antiguos baquianos de la tierra. El malestar de los nuevos se traduce, en boca de los cronistas, en sus frases despectivas para los ganadores de la tierra."

Túcume, cercana a Trujillo; tuvo varios hijos, entre ellos uno llamado Pedro. Como sus escritos se concluyeron en 1565, se pierden a partir de ese año los rastros de su vida.

Los escasos datos que Alonso Borregán aporta sobre su persona son manejados por Rafael Loredo de una manera un tanto dudosa a la hora de configurar lo que debía ser la apariencia física y el carácter de nuestro protagonista: "No debió ser muy apuesto don Alonso. Por lo menos, sabemos por él que era manco y huero, ya 'que los negros me mancaron del dedo grande de la mano derecha', y más tarde, al llegar a Guadacherí, le dio tan grande enfermedad en la cabeza que se le 'cegó el ojo con esta nube'" (Loredo 1948: 15).

Deberíamos tener cuidado con la interpretación de estos pasajes autobiográficos ya que tenemos que contar con la posibilidad de que el autor instrumentalice ciertos hechos para lograr sus fines.[34] Sólo podemos sospechar si de veras la herida en el pulgar le molestó a la hora de escribir, o si acaso era ambidiestro o zurdo. Lo que sí podemos deducir con seguridad del análisis material y paleográfico es que el autor era alfabetizado y que fue capaz de escribir folios enteros sin evidentes problemas técnicos.

Borregán se presenta en su crónica como protagonista de numerosas situaciones en las que debió servir de mediador entre Francisco Pizarro y Diego de Almagro. El autor procura aparecer ante el rey, el destinatario de su texto, como un personaje clave, que tuvo un rol conciliador importante en momentos cruciales de las guerras civiles. Sin embargo, –y a pesar de las intenciones de resaltar el propio papel–, Borregán tiene que ser calificado como una figura marginal de la historia del Perú. Rafael Loredo lo caracteriza como "soldado oscuro" (1948: 14) y dice: "Para darse cuenta de que don Alonso estuvo siempre a la mira, basta leer su crónica"; "siempre lo encontramos así en fila, sin figurar en los comandos más modestos [...] Borregán queda siempre entre los subalternos." (1948: 15) Su relato historiográfico, no obstante, es de gran interés porque el autor, como testigo presencial, nos relata detalles de las guerras civiles no referidos en otros textos, lo que nos obliga a tomarlo en serio como *cronista de las guerras civiles.*[35]

[34] Partiendo de otra perspectiva, Folger (2005: 290) concluye: "In writing his texts Borregán was writing himself [...] Borregán's text made him 'subjectively' what he pretended to be."

[35] Cf. el estudio introductorio de Wulf Oesterreicher y Carrillo Espejo 1989.

Su participación a favor de un bando específico durante las guerras civiles[36] no resulta siempre evidente, ya que Borregán no manifiesta claramente su toma de partido por uno u otro: se presenta en su texto como almagrista convencido, pero su postura a veces se inclina, por lo menos, en un principio, hacia la de los hermanos Pizarro. Por otro lado, se muestra crítico con el rebelde Gonzalo Pizarro, a quien se refiere como "tirano", aunque no se rebela abiertamente contra él. A su modo de ver, son tiranos también el corcovado Salazar –de cuya guardia, no obstante, Borregán formaba parte–, Gonzalo Díaz, Hernando de Alvarado y muchos más. Puede que su postura ambigua proceda de cierto oportunismo, por lo menos de cierta voluntad de no terciar en conflictos militares: Borregán logró mantenerse aparte de las batallas de Salinas, de Añaquito y de la de Huarina, entre otras. Sólo parece haber luchado realmente en la batalla de Chupas (1542), lo cual le pudo traer consecuencias desfavorables: dado que formó parte de las huestes almagristas, Vaca de Castro le quitó sus indios. No sabemos hasta qué punto Borregán se encontraba en un dilema entre ciertas necesidades externas y una actitud personal divergente. Pero se puede sospechar que esa ambigüedad se debería, por lo menos en parte, al deseo del autor de construir una imagen positiva ante su majestad, de la cual esperaba tantas mercedes. Se siente obligado –sea cual fuere su actitud concreta– a garantizar en sus escritos que su lealtad central es con la Corona.

5. Un documento a caballo entre la crónica y la petición

¿Qué pretendía obtener Alonso Borregán por medio de la entrega personal de sus escritos y coronica al rey de España? El objetivo no es otro que el de conseguir la restitución de sus pertenencias peruanas de manos de la Corona, además de obtener el título de cronista del reino. Precisamente esta combinación de objetivos tan diversos es una característica de sus escritos: por un lado, formula quejas personales como la pérdida de 200 pesos y el robo de sus yeguas; por otro, reclama de la Corona unas medidas apropiadas para mejorar la situación administrativa en el reino del Perú.[37] Él

[36] A propósito de las guerras civiles véase, p. ej., Porras Barrenechea 1986: 33-35 y Morales Padrón 1990: 503-509.

[37] Cf. Stoll 1997: 247 ss.

–'pequeño soldado'– se atreve a dar algunos consejos al rey sobre los métodos de gobierno, que podrían hacernos pensar en el género "de regimine principum" y que nos recuerdan, asimismo, los textos lascasianos.[38] La persecución de propósitos tan diversos genera contradicciones internas: así el autor incluye en su documentación licencias para "labrar guacas" y se queja de que le hayan quitado los indios, pero, en el mismo texto historiográfico, solicita que se restituya a los incas en sus señoríos. Mientras que con el primer aspecto se busca un beneficio estrictamente material, el segundo se debe a sus pretensiones de historiador. Incluye Borregán, además, una descripción del origen y la historia de los incas, cumpliendo de este modo con el formato de una auténtica representación historiográfica, la cual, sin embargo, no sólo está mal escrita sino que también resulta defectuosa. No obstante, reclama el rango del primer cronista del Perú, posiblemente pensando en el ejemplo del Palentino que fue designado cronista del Perú en 1555 y recibió un salario de 600 pesos anuales:

> esta coronica se mande enprimir y se me de a mi esta gloria de coronista prencipalmente y mas a ning*u*no (fol. 51r)

Por otro lado, esta demanda no le impide incluir en su texto historiográfico las quejas y apelaciones más personales que son repetidas hasta la saciedad. Esa mezcla de intenciones se refleja en la manera específica en que fueron combinadas tradiciones discursivas divergentes: el texto está a caballo entre la crónica y la petición, y su función se acerca a la de una relación de méritos y servicios.[39] De hecho, las peticiones encabezan los papeles, pero es difícil precisar dónde empieza exactamente la representación historiográfica, ya que las peticiones contienen datos históricos y el relato historiográfico está lleno de súplicas. La impresión de que no existe un comienzo claro es acentuada por los aspectos formales de la macroestructura: no se encuentra título ni otro tipo de estructuración formal, tampoco una separación en capítulos –todos estos elementos normalmente constitutivos de la tradición discursiva 'crónica'.[40] Anteriormente hemos constatado que el

[38] La *Brevíssima relación de la destruición de las Indias*, por su lenguaje y por el público al que va dirigido su discurso, marca la transición a una historiografía de carácter crítico y moralizante.

[39] Para la cercanía al tipo de texto "relación de méritos", cf. Folger 285 ss.

[40] Acerca de las tradiciones discursivas en la historiografía indiana, cf. Stoll 1998.

segundo fascículo es el que contiene el relato historiográfico: es significativo que también este fascículo esté encabezado por una petición. Petición y crónica, aunque de tono, estilo, perspectiva y extensión tan diversos, son los pies impares de este texto que hacen tropezar al lector, aunque el efecto intencionado del autor haya sido otro: fundamentar con la crónica la legitimidad de lo reclamado.

En esta crónica que tiende a la personalización del discurso historiográfico reconocemos la voz de quien fue un autor semiculto según la terminología acuñada por Oesterreicher en 1994: es evidente que Alonso Borregán sabía leer y escribir, como indican claramente los pasajes autógrafos del documento, pero estaba manifiestamente desorientado en el mundo de las tradiciones discursivas. Para él escribir una crónica era sinónimo de conseguir prestigio social, no obstante, ignoraba los principios básicos que todo escritor debe contemplar forzosamente al enfrentarse a la tarea de escribir un texto tan complejo como lo es una obra historiográfica.[41] El semiculto no sabía cómo organizar su texto y de qué forma aprovechar las posibilidades de una planificación reflexionada, por lo que su escrito muestra muchos rasgos de la oralidad concepcional.[42] En principio, el autor procura acercarse a un nivel elevado de expresión, pero fracasa en muchos sentidos, como se puede notar, por ejemplo, en las hipercorrecciones, en las rupturas sintácticas, en las excesivas expresiones jurídicas, en el empleo de formas y palabras diasistemáticamente marcadas y en la mezcla de elementos de diferentes tradiciones discursivas. De esta manera, el texto refleja la discrepancia entre la oralidad concepcional y las normas, en principio, exigidas por un texto de la distancia comunicativa.[43] Ahora bien, aunque Alonso Borregán constituye, textual y lingüísticamente, un caso extremo, podemos considerarlo, desde otra perspectiva, como representante típico de la historiografía indiana, en cuanto el discurso historiográfico tradicional es modificado a través de una instrumentalización masiva por parte de los individuos que luchan por sus intereses personales.

[41] Ya Porras Barrenechea comentó que este texto era único en cuanto a su estilo: "es un testimonio de época, aunque de los más infelices y ramplones. Entre los cronistas podría situársele, en la última línea, al lado y después de Huamán Poma de Ayala. Le hermanan con éste el desorden e incoherencia mental, la temática repetición de ciertos tópicos y letanías, y el estilo empedrado de idiotismos" (1986: 274).

[42] Cf. el estudio introductorio de esta edición, de Wulf Oesterreicher, en el cual se precisan los fenómenos a base de numerosos ejemplos.

[43] Cf. también Oesterreicher 1994a, 1994b, Stoll 1997, 2011 y Vázquez Núñez 2002.

6. El proceso de escribir

A continuación, expondremos algunas reflexiones acerca del origen del manuscrito de Alonso Borregán y del posible proceso de escribir. Aunque estamos ante un texto sumamente singular, cuyas propiedades se deben a unas condiciones muy particulares de redacción, pensamos que estas reflexiones no sólo son válidas para comprender mejor este curioso conjunto de escritos y sus irregularidades formales, sino que pueden ilustrar también algunos aspectos comunes al trasfondo de la historiografía indiana en el siglo XVI.[44]

Sabemos muy poco acerca del proceso de redacción del manuscrito original, pero merece la pena interpretar los indicios manifiestos en el texto, ya que son reveladores para la comprensión de las estrategias de un individuo sólo en parte capaz de manejar los recursos de la expresión escrita. Algunas de las cuestiones que forzosamente surgen en este contexto son las siguientes: ¿Existieron notas previas del autor que sirvieron de base para su relato historiográfico o dictó Borregán el texto entero de manera más bien espontánea? De ser así, ¿cómo se explican entonces las manos distintas y las partes autógrafas? Este hecho es más bien un indicio de que el manuscrito se debe a un proceso de redacción más complejo. Dadas estas circunstancias, ¿se pueden distinguir capas diferentes del texto y es posible reconocer de qué forma fueron integradas? ¿Cuál es la interrelación entre autor, en principio responsable del contenido, y los escribanos y copistas, decisivos para la plasmación del texto en un soporte concreto?[45]

No podremos resolver todas estas preguntas, pero sí pensamos que se pueden encontrar argumentos que nos ayuden a comprender mejor las condiciones bajo las cuales el texto y sus múltiples incongruencias fueron originados.

[44] Cf. Stoll 2002 y 2005 así como Oesterreicher 2009.

[45] Sobre el problema de las copias de originales y el papel del copista véase Alberto Blecua 1983: 17-30. Zumthor 1989 se ocupa en especial de este tema en relación a la Edad Media. En el capítulo 11 de su trabajo, Ruiz 1988 explica aspectos neurológicos y filosóficos relacionados con la escritura.

6.1. Diversas fases en la elaboración

Los estudiosos sostienen que la crónica se escribió en el año 1565 en España, ya que en el texto se menciona la muerte del tercer virrey del Perú, del Marqués de Cañete, que ocurrió en 1564, y en el folio 3r se encuentra la siguiente anotación oficial: "que no ay disposición para hacerse lo que pide. En Madrid 17 de enero de 1565 años. El licenciado Santander".[46]

Sin embargo, en la crónica encontramos indicios claros de que debe haber existido una versión anterior, escrita ya entre cinco y diez años antes en el Perú. Esa primera versión estaba destinada al Marqués de Cañete para que éste defendiera la posición de Alonso Borregán ante el rey:[47]

> – Di al marques de canete la scriptura que aqui vuestra magestad bera amonestandole y presuadiendole abisase a vuestra magestad para que vuestra magestad p*r*obeise con justi*çia* y creo la hizo partes y no la enbio toda tan autentica como yo se la di (fol. 14r)

Es decir, Borregán se dirige directamente al rey, remitiéndolo a una escritura entregada anteriormente al cuidado del Marqués de Cañete. El autor se queja de que esta versión –o bien la información contenida– no hubiera alcanzado su destinatario, que es su majestad, y con este malogro explica su segundo intento: ahora se dirige directamente al Rey, con una versión renovada, pero no completamente nueva: "la Escriptura que aqui Vuestra magestad bera". Probablemente el conquistador decidió trabajar su versión original –por él llamada "escriptura"– de tal manera que adquiera el formato de una auténtica crónica. Por esta razón incluye, entre otras cosas, la descripción de los incas que aparece como una ampliación artificiosa del propio relato de las guerras civiles. De hecho, trata el tema de manera bastante superficial, ya que no le inspira un interés auténtico por la cultura autóctona, sino la pretensión de alcanzar un nivel elevado del género prestigioso. Además, insertó insistentes apelaciones al rey para hacer hincapié en sus demandas; apelaciones, por cierto, que interrumpen bruscamente la representación historiográfica, y de las cuales ya Esteve Barba (1992: 485) había sospechado que se tratara de "interpolaciones de última hora":

[46] Cf. el prólogo de Rafael Loredo a su edición 1948: 13-29 y Porras Barrenechea 1986: 274.
[47] Cf. Stoll 1997: 238.

llego diego çenteno al presidente
y cada dia se le allegaua de la gente desbaratada suya /

– Suplico a v*uestr*a mag*estad* atenta mi sauia prudençia mire este
gran misterio que alli aconteçio con aquellos traydores no a-
biendo querido acudir al desdichado visorrey antes que le prendiesen çepeda sino yrse al tirano y encurrir en crimen lexes contra v*uestr*a mag*estad* dexando su estandarte rreal seguir al tirano
y traer corrido al desdichado visorrey y poner su cabeça en el
rrollo primitio dios n*uestr*o señor de les dar tan mala muerte
y tan fea afrenta siendo ellos tantos y el tirano con tan
poca gente a quien ellos auian metido en las vellaquerias pasadas y mas culpados aunque no el ansi los biuos como los
que alli murieron quel dia de oy muchos dellos en españa ui cos-
a do su c*esarea* mag*estad* conozca a todos y sauido y berificado quien son
si otra vez entendieren en alguna rrebilion o alteraçion
o juraron falsso contra alguno conoçiendo sus maldades
los mande castigar y tener quenta con ellos /

– Fuese el presidente haçia el cuzco ybasele llegando gente de
la desbaratada de zenteno (fol. 40r – fol. 40v)

Como se puede ver, estamos ante un relato historiográfico tanto al principio: "llego diego çenteno al presidente y cada dia se le allegaua de la gente desaratada suya" como al final del pasaje citado: "Fuese el presidente haçia el cuzco ybasele llegando gente de la desbaratada de zenteno". Dentro de esta exposición de sucesos se inserta una invocación al rey en la que el conquistador formula una ansiosa súplica por obtener justicia. Nuestra hipótesis de que tanto en este fragmento como en otros pasajes del texto, se entremezclan fragmentos pertenecientes a diferentes fases del proceso de escribir, se ve confirmada por otras particularidades; por ejemplo, el cambio brusco de la deixis local en el texto.[48] Mientras que en algunos pasajes se habla de "este reyno del peru" y "esta cibdad de los rreyes", en otros se habla de "aquellos rreynos" y de "aca de españa". Estos cambios no se pueden explicar como fenómenos propios del sistema referencial del texto, tampoco como meros despistes del autor, sino que corresponden claramente a dos fases diferentes de redacción: a una primaria en el Perú y a una fase de ampliación llevada a cabo en España:

[48] Cf. Stoll 1997: 239 ss.

(1) rrepartiose por todas las yndias la gran rriquesa *deste rreyno del peru* (fol. 15v)

pues como vbiese hido a hespaña rrico vn clerigo soza y entendiese que su magestad daua liçençia a hernando de picarro que bolbiese *al rreino de peru* (fol. 17r)

(2) rremediarase mui gran dano que a benido *aquelllos rreinos* ansi çesaria ma*gestad* no se premita que de *aca del consejo* se probea a jueçes semejantes prouimientos (fol. 29r)

las cartas [...] que *de aca despaña* le enuia(*n*>)ban cada dia (fol. 29v)

quel dia de oy muchos dellos en españa ui cosa do su *cesarea* mage*stad* conozca a todos (fol. 40r/v)

En un análisis más detallado, se puede ver que los elementos deícticos que sugieren un proceso de escritura realizado en el Perú son menos frecuentes y se encuentran, más bien en la parte inicial de la crónica, mientras que los elementos deícticos relacionados con una redacción llevada a cabo en España son mucho más frecuentes, y se encuentran, sobre todo, en la segunda parte y hacia el final del texto. Además, se puede observar que los pasajes apelativos al rey corresponden todos al sistema deíctico de la versión renovada que se debe al objetivo de intensificar el mensaje. Es bien probable que esta segunda fase de redacción sea simultánea a la composición de las peticiones que formulan las mismas ideas y demandas. Por supuesto, estas dos capas del texto no se pueden separar nítidamente; tampoco podemos decir algo más concreto sobre la primera versión de los escritos de Alonso Borregán. Se ha sospechado que podría tratarse de una relación de méritos que más tarde habría sido reelaborada y convertida en una crónica.[49] Aunque esta idea tiene cierto atractivo, no pensamos que el texto ofrezca indicios adecuados para sostenerla. De hecho, ya la primera versión contenía abundantes datos históricos que no están relacionados con el destino del autor, lo que aleja el primer escrito del tipo textual aludido; por otro lado, la elaboración más tardía tenía como objetivo principal intensificar la premura de las reivindicaciones personales. Tanto los suplementos historiográficos como las interpolaciones apelativas de la segunda fase ayudan a conseguir la meta de convencer a la Corona y de obtener las mercedes deseadas. Por esta razón, estamos convencidos de que el texto híbrido que se debate entre la petición y el relato historiográfico ya estaba presente en la primera

[49] Cf. Folger 2005: 283 ss.

versión, aunque su carácter heterogéneo fue fuertemente intensificado por la elaboración más tardía.

Veamos otro pasaje de la crónica en el cual se observan unas rupturas textuales sólo explicables por la incapacidad del autor de coordinar los fragmentos escritos en diferentes momentos:

> pedile [= a La Gasca] vn
> mandami*ento* para vuscar mis yeguas y cavallos nuca pude hallar
> rrastro dellas / *cesarea* mag*estad* su mag*estad* mire mi antiguedad
> [y seruiçi-
> os de quarente y tantos anos y mirando tener pobres mis hijos
> y nietos y biendo sus menistros auer vsado tantas crueldades
> conmigo me de liçençia para enpremir esta coronica pues fui el
> primero que a su mag*estad* yo la di el marques de canete auise de todas
> las cosas en el peru acontezidas y me conceda las mer*çe*des
> que pido pues es poco /
> – Y porque declarare quien son los naturales y de donde se fundaron
> aquellos rreynos con legitima autoridad y ebidente claridad (fol. 40v)
> [la explicación en la primera línea es nuestra]

En este pasaje estamos ante no pocas contradicciones considerables: leemos cómo el autor apela al Marqués de Cañete ("el marques de canete auise de todas las cosas en el peru acontezidas y me conceda las mer*çe*des que pido pues es poco") cuya muerte se ha constatado en un párrafo anterior.[50] Junto con la invocación al Marqués puede leerse también la invocación al Rey, como si el texto tuviera dos destinatarios. En efecto, estos dos son los destinatarios correspondientes a diferentes versiones del texto y el autor ha fallado al sincronizar las nuevas inserciones con el escrito ya existente. Para conseguirlo, habría tenido que eliminar, por lo menos, la apelación al Marqués. Es bastante posible que este pasaje marque el final de la primera versión. Esto es de suponerse no sólo por el pedido de carácter recapitulador dirigido al Marqués de Cañete, sino también por la inclusión de una temática ajena a lo anteriormente expuesto, un capítulo sobre el origen y la cultura de los incas.

¿Cómo son posibles rupturas tan extremas? Obviamente, el autor semiculto tenía dificultades para organizar un texto tan largo y denso como lo es

[50] Cf. Stoll 1997: 241 ss.

una obra historiográfica, y no tenía la destreza para reelaborar lo ya escrito en concordancia con las inserciones posteriores. Pensamos, sin embargo, que posiblemente las contradicciones se deban a un factor más, esto es, al escribiente que estaba encargado de copiar el manuscrito anotado y enriquecido por el autor. Posiblemente estaba desorientado a la vista del documento corregido o debido a que las anotaciones del autor no estaban del todo claras.[51] Es sólo una hipótesis, a favor de la cual, sin embargo, pensamos poder dar más argumentos en lo que sigue.[52]

6.2. La influencia de la labor del escribiente en la génesis del manuscrito

Las irregularidades sintácticas en la crónica de Alonso Borregán son tantas que parecería que pueden ser explicadas como consecuencias de un proceso de dictado en el que las posibilidades de planificación del discurso son limitadas.[53] Ello fue, además, una práctica corriente de la época. De hecho, un proceso de redacción apoyado en notas previamente fijadas ofrecería la posibilidad de releer lo escrito y de corregirlo, de evitar contradicciones, anacolutos y reiteraciones de palabras –pero sólo para una persona ejercitada en las técnicas de producción de textos escritos.[54] Alonso Borregán no lo fue. Es decir, la masiva presencia de fenómenos pertenecientes al ámbito de la oralidad concepcional no puede servir como argumento para la hipótesis de que el texto fuera dictado, ya que el autor representa el caso extremo de un semiculto cuyas pretensiones en el campo de la historiografía difieren enormemente de su capacidad para redactar textos. En términos generales, Borregán fue incapaz de organizar su relato historiográfico.

Lo que nos lleva a dudar de la hipótesis del dictado son los muchos errores en la grafía de nombres de personas y lugares. Es cierto que en parte podrían ser originados por el autor mismo, que podía no conocerlos del todo o que incluso vacilara en su pronunciación. Además, una grafía vacilante no

[51] Este fenómeno no sólo se observa en autores semicultos...

[52] Esta hipótesis se encuentra en cierta oposición con la suposición de Wulf Oesterreicher de que el texto fuera dictado. Cf. la parte introductoria en este volumen, así como Oesterreicher 1994b.

[53] Cf. Koch/Oesterreicher 2007 y el estudio introductorio de Wulf Oesterreicher.

[54] Cf., entre otros, Eigler 1990.

es en sí misma nada llamativo, ya que aparece con frecuencia en textos de la época, y todavía más en la historiografía colonial. No obstante, lo que encontramos en nuestro texto, es más que una vacilación gráfica: aparecen desviaciones sólo explicables como fenómenos debidos a una incomprensión de la grafía original. Aquí damos algunos ejemplos:

panaman (fol. 19r), *banama* (fol. 30r) al lado de *panama* (fol. 34v)
amancay (fol. 21v) junto con *auancay* (fol. 23v)
chinche (fol. 22r) y *hincha* (fol. 26v) al lado de *chincha* (fol. 23v)
almagron (fol. 22v) junto con *almagro* (fol. 34r)
morgodexo (fol. 24r) al lado de *morgobiejo* (fol. 18v)
guinacaba (fol. 43r) al lado de *guaynacaba* (fol. 43r)
chachapoes (fol. 19v), *chuchapes* (fol. 20r), *chuchapos* (fol. 28v) junto con *chachapoyas* (fol. 28r)
guanaco (fol. 39r), *ganoco* (fol. 33r) al lado de *guanoco* (fol. 33r)

Parece difícil imaginar estos errores como resultado de malentendidos en un proceso de dictado. Se pueden concebir mejor en una situación en la cual un escribiente copia palabras que no conoce ni puede descifrar del todo. Esto se evidencia todavía más en errores como el siguiente:

porque todo el corregidor del cuzco (fol. 39v)
– en vez de "porque Toro el corregidor del Cuzco"

Considérese también la fuerte vacilación gráfica en los topónimos y antropónimos autóctonos como, por ejemplo, *enlinga* (fol. 17v), *yngia* (fol. 16r), *el ingo* (fol. 19r), el *inga* (fol. 18v), *manguinga* (fol. 20v), *manvynga* (fol. 24r), todos por *inca*[55] o *Manco inca*, lo cual demuestra que el copista no reconoce los nombres indígenas, o bien, que probablemente ni siquiera los conoce. Éstos son indicios que hacen suponer que la copia del relato historiográfico se llevó a cabo en España: los copistas de las manos D y E ni siquiera sabían transcribir correctamente palabras tan corrientes en el virreinato como "inca" o "Chincha".

Ahora bien, no creemos que estas pruebas sean suficientes para dar por resuelto el asunto. En principio, se pueden imaginar muchas constelaciones

[55] En el manuscrito se encuentra también la grafía *inca* (fol. 17r); *Manco inca*, sin embargo, no aparece.

más. Por ejemplo, no podemos descartar la posibilidad de que partes del texto se copiaran y otras se dictaran. Señales que nos conducen a esta hipotética situación podrían ser los cambios en una mano: de más fluidez y mayor extensión en el espacio a más concentración formal, por ejemplo. Resulta llamativa también la diferente estructuración del texto. Para trabajar esta argumentación más a fondo, sería necesario combinar estas reflexiones con un análisis detallado acerca de las rupturas sintácticas o de contenido, de los cambios de estilo, de la acumulación de errores en ciertos pasajes, de las correcciones del escribiente y otras modificaciones formales.

Queremos terminar con una conclusión importante: hay que contar con que el estado original ya precario del texto haya sufrido todavía más por el influjo de los escribientes que no estaban familiarizados con los acontecimientos referidos. Aparte de la poca corrección en la transcripción de los topónimos y antropónimos indígenas, encontramos otro tipo de faltas evidentes, como por ejemplo "de lo qual se rresçebio el senor" (18v) en vez de "de lo qual se reçelo el senor", que nos obligan a contar de antemano con una serie de errores que, en la mayoría de los casos, quizás no lleguemos nunca a poder identificar. Estamos ante una situación documental complejísima, ya que tenemos que considerar, además de las peculiaridades de un autor inexperto en el manejo del discurso de la distancia, las contradicciones debidas a la reelaboración del texto, descuidos de todo tipo y en todos los niveles lingüísticos, así como las particularidades de los escribientes implicados, sus interpretaciones y malentendidos con respecto al que fuera el discurso original. Precisamente, para abrir un espacio a la interpretación de los múltiples hechos lingüísticos relacionados con este proceso de escribir tan peculiar, se ha preparado esta edición.

7. Síntesis de las convenciones utilizadas

- Las letras añadidas se escriben entre //barras dobles//.
- Las letras indescifrables se señalan con guiones entre corchetes [---].
- Las letras inferidas se indican [entre corchetes].
- Las letras tachadas se presentan (*entre paréntesis y en cursiva*).
- Si se trata de material sobreescrito, se añade un medio paréntesis agudo (*al final*>).
- En las abreviaturas, las letras inferidas se escriben en cursiva <mag*estad*>.

- Párrafos:
  El inicio de párrafo se marca con un guión medio largo – y la primera letra se escribe con mayúscula.
  El final de párrafo se indica con un guión largo — y media línea en blanco.

- Los fragmentos autógrafos se representan con el tipo de letra "Gilli Sans MT".

Bibliografía

Arellano Ayuso, Ignacio (1999): "Problemas en la edición y anotación de las crónicas de Indias", en: Arellano/Rodríguez Garrido (eds.), 45-74.

Arellano, Ignacio/Pino, Fermín del (eds.) (2004): *Lecturas y ediciones de crónicas de Indias. Una propuesta interdisciplinaria*, Madrid/Frankfurt a.M.: Iberoamericana/Vervuert.

Arellano, Ignacio/Rodríguez Garrido, José A. (eds.) (1999): *Edición y anotación de textos coloniales hispanoamericanos*, Madrid/Frankfurt a.M.: Iberoamericana/Vervuert.

Balduino, Armando ([3]1989): *Manuale di filologia italiana*, Firenze: Sansoni.

Borregán, Alonso (Manuscrito del siglo 16), Sevilla: Archivo General de Indias, Patronato, leg. 90 B, número 1, ramo 54.

Borregán, Alonso (1948): *Crónica de la Conquista del Perú*. Edición y prólogo de Rafael Loredo, Sevilla: Escuela de Estudios Hispano-Americanos de Sevilla.

Borregán, Alonso (1963): "Crónica de la Conquista del Perú", en: *Biblioteca peruana*, Editores Técnicos Asociados, Lima: Editorial Litográfica "La Confianza" SA, Primera Serie, Tomo II, 415-473.

Boyd-Bowman, Peter (1985a): *Índice geobiográfico de más de 56 mil pobladores de la América Hispánica*, vol. 1 (1493-1519), México, D.F.: Fondo de Cultura Económica.

Boyd-Bowman, Peter (1985b): *Índice geobiográfico de 40.000 pobladores españoles de América en el siglo XVI*, vol. 2 (1520-1539), México, D.F.: Fondo de Cultura Económica.

Blecua, Alberto ([3]1983): *Manual de crítica textual*, Madrid: Castalia.

Brendecke, Arndt (2009): *Imperium und Empirie. Funktionen des Wissens in der spanischen Kolonialherrschaft*, Köln/Weimar/Wien: Böhlau.

Briquet, Charles Moise (1968): *Les Filigranes. The New Briquet, Jubilee Edition*. Ed. Allan Stevenson, 4 vols., Amsterdam: Paper Publications Soc.

Cano Aguilar, Rafael (1988): *El español a través de los tiempos*, Madrid: Arco Libros.

Cano Aguilar, Rafael (1998): "Presencia de lo oral en lo escrito: la transcripción de las declaraciones en documentos indianos del siglo XVI", en: Oesterreicher/Stoll/Wesch (eds.), 219-242.

Cano Aguilar, Rafael (1992): "La sintaxis española en la época del Descubrimiento", en: Bartol Hernández, J. Antonio et al. (eds.): *Estudios filológicos en homenaje a Eugenio de Bustos Tovar*, vol. 1., Salamanca: Universidad de Salamanca, 183-197.

Cano Aguilar, Rafael (2003): "Sintaxis histórica, discurso oral y discurso escrito", en: Girón Alconchel, José Luis et al. (eds.), *Textualidad y oralidad*, Madrid: Instituto Universitario 'Menéndez Pidal'/Visor Libros, 27-48.

Cappa, Ricardo (1980): *Estudios críticos acerca de la dominación española en América*, vol. 44: *Las Guerras Civiles*, Madrid: Libreria Católica de Gregorio del Amo, Editor Calle de la Paz, núm. 6.

Carrillo Espejo, Francisco (ed.) (1989): *Cronistas de las guerras civiles, así como del levantamiento de Manco Inca y el de Don Lope de Aguirre llamado 'La Ira de Dios'*, Lima: Horizonte (= Enciclopedia histórica de la literatura peruana, 3).

Castrillo Mazeres, Francisco (1992): *El soldado de la conquista*, Madrid: MAPFRE.

Cavallini de Arauz, Ligia (1986): *Elementos de paleografía hispanoamericana*, San José de Costa Rica: Universidad de Costa Rica.

Company Company, Concepción (2001): "Para una historia del español americano. La edición crítica de documentos coloniales de interés lingüístico", en: Funes, Leonardo/Moure, José L. (eds.), *Studia in honorem Germán Orduna*, Alcalá de Henares: Universidad de Alcalá, 207-224.

Cortés Alonso, Vicenta (1986): *La escritura y lo escrito. Paleografía y diplomática de España y América en los siglos XVI y XVII*, Sevilla: Instituto de Cooperación Iberoamericana.

Eigler, Gunther et al. (1990): *Wissen und Textproduzieren*, Tübingen: Narr.

Esteve Barba, Francisco (1964, ²1992): *Historiografía indiana*, Madrid: Gredos.

Fernández Alcaide, Marta (2009): *Cartas de particulares en Indias del siglo XVI. Edición y estudio discursivo*, Madrid/Frankfurt a.M.: Iberoamericana/Vervuert (= Textos y Documentos Españoles y Americanos, 6).

Folger, Robert (2005): "Alonso Borregán Writes Himself: the Colonial Subject and the Writing of History in *Relaciones de méritos y servicios*", en: Folger/Oesterreicher (eds.), 267-293.

Folger, Robert (2011): *Writing as Poaching: Interpellation and Self-Fashioning in Colonial* relaciones de méritos y servicios, Brill: Leiden (= The Medieval and Early Modern Iberian World, 44).

Folger, Robert/Oesterreicher, Wulf (eds.) (2005), *Talleres de la memoria – Reivindicaciones y autoridad en la historiografía indiana de los siglos XVI y XVII*, Münster: LIT-Verlag (= Pluralisierung & Autorität, 5).

Garatea Grau, Carlos (2010): *Tras una lengua de papel. El español del Perú*, Lima: Fondo Editorial de la Pontificia Universidad Católica del Perú.

Greußlich, Sebastian (en prensa): "La Crónica Mayor de Indias vista desde la perspectiva del análisis lingüístico de textos – el ejemplo de las 'Décadas' de Antonio de Herrera y Tordesillas", in: *Actas del VIII Congreso Internacional de Historia de la Lengua Española (Santiago de Compostela, 14-18 de septiembre de 2009)*.

Keniston, Hayward (1937): *The Syntax of Castilian Prose. The Sixteenth Century*, Chicago: University of Chicago Press.

Koch, Peter/Oesterreicher, Wulf (1985): "Sprache der Nähe – Sprache der Distanz. Mündlichkeit und Schriftlichkeit im Spannungsfeld von Sprachtheorie und Sprachgeschichte", *Romanistisches Jahrbuch* 36, 15-43.

Koch, Peter/Oesterreicher, Wulf (2007): *Lengua hablada en la Romania: español, francés, italiano*, Madrid: Gredos (= BRH, II, 448).

Kotschi, Thomas/Wulf Oesterreicher/Klaus Zimmermann (eds.) (1996): *El español hablado y la cultura oral en España e Hispanoamérica*, Madrid/Frankfurt a.M.: Iberoamericana/Vervuert.

Lockhart, James (1986): *Los de Cajamarca. Un estudio social y biográfico de los primeros conquistadores del Perú*, 2 vols., Lima: Milla Batres.

Lüdtke, Jens (ed.) (1994): *El español americano en el siglo XVI*, Madrid/Frankfurt a.M.: Iberoamericana/Vervuert (= Bibliotheca Ibero-Americana, 48).

Marín Martínez, Tomás (1991): *Paleografía y diplomática*, 2 vols., Madrid: UNED.

Martinell Gifre, Emma (1988): *Aspectos lingüísticos del descubrimiento y de la conquista*, Madrid: CSIC.

Masai, François (1950): "Principes et conventions de l'édition diplomatique", *Scriptorium* 4, 177-193.

Mignolo, Walter D. (1982): "Cartas, crónicas y relaciones del descubrimiento y la conquista", en: Íñigo Madrigal, Luis (ed.), *Historia de la literatura hispanoamericana*, vol. 1: *Época colonial*, Madrid: Cátedra, 57-116.

Millares Carlo, Agustín ([3]1983): *Tratado de paleografía española*. Con la colaboración de J. M. Ruiz Asencio, 3 vols., Madrid: Espasa-Calpe.

Millares Carlo, Agustín/Mantecón, José Ignacio (1975): *Álbum de Paleografía Hispanoamericana de los siglos XVI y XVII*, 2 vols., Barcelona: El Albir.

Morales Padrón, Francisco ([5]1990): *Historia del descubrimiento y conquista de América*, Madrid: Gredos.

Muñoz y Rivero, Jesús ([2]1970): *Manual de Paleografía diplomática española de los siglos XII al XVII*, Madrid: Viuda de Hernando.

Oesterreicher, Wulf (1994a): "El español en textos escritos por semicultos. Competencia escrita de impronta oral en la historiografía indiana (s. XVI)", en: Lüdtke, Jens (ed.), *El español de América en el siglo XVI*. Actas del Simposio del Instituto Ibero-Americano de Berlín, 23 y 24 de abril de 1992, Frankfurt a.M.: Vervuert (= Bibliotheca Ibero-Americana, 48), 155-190.

Oesterreicher, Wulf (1994b): "Kein sprachlicher Alltag – der Konquistador Alonso Borregán schreibt eine Chronik", en: Sabban, Annette/Schmitt, Christian (eds.), *Sprachlicher Alltag – Linguistik, Rhetorik, Literatur*. Festschrift für Wolf-Dieter Stempel, Tübingen: Niemeyer, 379-418.

Oesterreicher, Wulf (1996): "Lo hablado en lo escrito: reflexiones metodológicas y aproximación a una tipología", en: Kotschi/Oesterreicher/Zimmermann (eds.), 317-340.

Oesterreicher, Wulf (1997): "Cajamarca 1532 – Diálogo y violencia. Los cronistas y la elaboración de una historia andina", *Lexis. Revista de lingüística y literatura* XXI/2, 211-271.

Oesterreicher, Wulf (2007): "Gramática histórica, tradiciones discursivas y variedades lingüísticas – Esbozo programático", *Revista de Historia de la Lengua Española* 2, 109-128.

Oesterreicher, Wulf (2009): "*Los otros piratas de América* – Information und Autorschaft in amerikanischen Texten der Frühen Neuzeit", *Mitteilungen des SFB 573 'Pluralisierung und Autorität in der Frühen Neuzeit (15.-17. Jahrhundert)* 1/2009, 32-50.

Oesterreicher, Wulf/Schmidt-Riese, Roland (eds.) (2010): *Esplendores y miserias de la evangelización de América. Antecedentes europeos y alteridad indígena*, Berlin/New York: de Gruyter (= Pluralisierung & Autorität, 22).

Oesterreicher, Wulf/Stoll, Eva/Wesch, Andreas (eds.) (1998): *Competencia escrita, tradiciones discursivas y variedades lingüísticas. Aspectos del español europeo y americano en los siglos XVI y XVII. Coloquio internacional, Friburgo en Brisgovia, 26-28 de septiembre de 1996*, Tübingen: Narr (= ScriptOralia, 12).

Porras Barrenechea, Raúl (1986): *Los Cronistas del Perú (1528-1650) y otros ensayos*, Lima: Banco de Crédito del Perú (= Biblioteca Clásicos del Perú, 2).

Real Díaz, José Joaquín ([2]1991): *Estudio diplomático del documento indiano*, Sevilla: Escuela de Estudios Hispanoamericanos.

Riesco Terrero, Ángel (ed.) (1999): *Introducción a la paleografía y la diplomática general*, Madrid: Síntesis, 1999.

Riesco Terrero, Ángel/Ruiz García, Elisa/Domínguez Aparicio, Jesús/Sánchez Prieto, Ana Belén (1995): *Aproximación a la cultura escrita*, Madrid: Playor.

Rivarola, José Luis (2000): *Español andino. Textos de bilingües de los siglos XVI y XVII*, Madrid/Frankfurt a.M.: Iberoamericana/Vervuert (= Textos y Documentos Espanoles y Americanos, 1).

Rivarola, José Luis (2009): *Documentos lingüísticos del Perú: siglos XVI y XVII. Edición y comentario*, Madrid: CSIC.

Romero Tallafigo, Manuel/Rodríguez Liáñez, Laureano/Sánchez González, Antonio (1995): *Arte de leer escrituras antiguas: Paleografía de lectura*, Huelva: Universidad de Huelva.

Rosenblat, Ángel (1964): "Base del español en América: nivel social y cultural de los conquistadores y pobladores", in: *Boletín de Filología de la Universidad de Chile* 16, 171-230.

Ruiz, Elisa (1988): *Manual de Codicología*, Madrid: Fundación Sánchez Ruipérez.

Schmidt-Riese, Roland (1997): "Schreibkompetenz, Diskurstradition und Varietätenwahl in der frühen Kolonialhistoriographie Hispanoamerikas", *Zeitschrift für Literaturwissenschaft und Linguistik* 108, 45-86.

Schmidt-Riese, Roland (2003): *Relatando México*. Con textos del período fundacional de la colonia en Tierra Firme, Madrid/Frankfurt a.M.: Iberoamericana/ Vervuert (= Textos y Documentos Españoles y Americanos, 3).

Schmidt-Riese, Roland (ed.) (2010): *Catequesis y derecho en la América colonial. Fronteras borrosas*. Con la colaboración de Lucía Araceli Rodríguez Gutiérrez, Madrid/Frankfurt a.M.: Iberoamericana/Vervuert.

Stoll, Eva (1995): "Competencia escrita de impronta oral en la crónica soldadesca de Pedro Pizarro", en: Kotschi/Oesterreicher/Zimmermann (eds.), 427-446.

Stoll, Eva (1997): *Konquistadoren als Historiographen. Diskurstraditionelle und textpragmatische Aspekte in Texten von Francisco de Jerez, Diego de Trujillo, Pedro Pizarro und Alonso Borregán*, Tübingen: Narr (= ScriptOralia, 91).

Stoll, Eva (1998): "Géneros en la historiografía indiana: modelos y transformaciones", en: Oesterreicher/Stoll/Wesch (eds.), 143-168.

Stoll, Eva (ed.) (2002): *La* Memoria *de Juan Ruiz de Arce. Conquista del Perú, saberes secretos de caballería y defensa del mayorazgo*, Frankfurt a.M./Madrid: Vervuert/Iberoamericana (= Textos y Documentos Españoles y Americanos, 2).

Stoll, Eva (2005): "Jurisconsultos, secretarios y suplicantes: el sello jurídico del discurso historiográfico colonial", en: Folger/Oesterreicher (eds.), 225-245.

Stoll, Eva (2009): "*Relación geográfica* – von der Informationsbeschaffung zur Wissensvermittlung", en: Eggert, Elmar/Mayer, Christoph Oliver/Gramatzki, Susanne (eds.), '*Scientia valescit'. Zur Institutionalisierung von kulturellem Wissen in romanischem Mittelalter und früher Neuzeit*, München: Meidenbauer (= MIRA, 2), 335-352.

Stoll, Eva (2010): "Santiago en los Andes. Vicisitudes de los santos en la sociedad colonial", en: Schmidt-Riese (ed.), 97-115.

Stoll, Eva (2010): "La exportación de los santos al Nuevo Mundo – modelos, motivos y malentendidos", en: Oesterreicher/Schmidt-Riese (eds.), 25-43.

Stoll, Eva (2011): "Alonso Borregán: *La Conquista del Perú*", *Mitteilungen des SFB 573 'Pluralisierung und Autorität in der Frühen Neuzeit (15.-17. Jahrhundert)*, 2/2011, 36-41.

Stoll, Eva (en prensa): "La edición de textos de la historiografía colonial (XVI) y la lingüística variacional", en: Sánchez-Prieto Borja, Pedro/Torrens Álvarez, María Jesús (eds.), *Tradición e innovación. Nuevas perspectivas para la edición y el estudio de documentos antiguos*, Madrid, 96-107.

Vázquez Núñez, María de las Nieves (1998): "La *Crónica* de Alonso Borregán: observaciones sobre tiempo y modo en el sistema verbal del español del siglo XVI", en: Oesterreicher/Stoll/Wesch (eds.), 293-315.

Vázquez Núñez, María de las Nieves (2002): *Tempus, Modus und Aspekt im Spanischen des 16. Jahrhunderts. Die Chronik von Alonso Borregán*, Freiburg 1999. (http://www.freidok.uni-freiburg.de/volltexte/530/pdf/ Diss Nieves Vazquez.pdf)

Wilgus, Alva Curtis (1975): *The Historiography of Latin America. A Guide to Historical Writing (1500-1800)*, Metuchen, NJ: Scarecrow Press.

Yánez Rosales, Rosa (ed.) (2010): *La cultura escrita en México y el Perú*, Guadalajara, Jalisco, México: Consejo Estatal para la Cultura y las Artes/ Secretaría de Cultura Gobierno de Jalisco.

Zumthor, Paul (1989): *La letra y la voz de la 'literatura' medieval*, Madrid: Cátedra.

III. *Escritos y Crónica* de Alonso Borregán

Alonso Borregán: *Primera petición* (fol. 1r)

[fol. 1r]

Muy poderosos s*eñ*or*es*[1]

Alonso borragan v*ez*in*o* de la zivdad de los rreyes cabe-
za de los rre[in]os del peru pares(*z*>)co ante v*ues*tra a(*b*>)l[t]eça y ago
[presentazion
de vn testimonio de yndios q*ue* me fueron probeydos por el marques don
franç*isc*o pizarro primero gobernador y por que tengo nezesidad de saca[r]
testimonio o testimonios y hazer ynformaziones en guarda
de mi der*e*cho asi tocante a los yndios como en otras cosas a mi perteneszientes y en guarda de mi justizia y a v*ues*tra m*agest*a*d* suplico se
me de su probision para quales quier justizias de aquellos rreynos
que lo que yo pidiere o por mi parte y en mi nonbre se me guarde justizia y a los señores presidente y oydores quen la ziudad de los rreyes rresiden la manden cunplir como por ella les fuere mandado[2]

– Otrosi hago presentazion de vn testim*oni*o de m*erç*ed quel marques de cañete me hizo de quatro solares con la posison a las
espaldas a su m*agest*a*d* suplico se me confirme los quatro solares
que sentienden quatrozientos pasos en quadra a do yo tengo
casas de mi morada y dexo a mis hijos en ellas y pido m*erç*ed —

Otrosi suplico a v*ues*tra rreal alteza me haga m*erç*ed de las tierras
y asiento de yupiay a do yo alonso borregan tube mi casa y ganados y granxerias y edeficada vna guerta de todo xenero de arboles despaña y la posey por espazio de quatro años sin con
tradizion alguna den donde me hecharon los negros
fuxetibos con martin su capitan salteadores y me ro-
baron muchas bezes mis ganados y vna noche dieron sobre mi casa y me mancaron del dedo grande de la mano derecha
andando peleando con ellos por espazio de seys oras y no
me podiendo baler desanpare la casa y me rrobaron todo
quanto quanto en ella abia mio y de mis yndios de serbiçio
y otro dia fui a la zivdad a me q*ue*jar a la justizia y alcalde der-
mandad y no pude alcançar justiza para prender aquellos negros
y [-] de todo lo que alli me rrobaron di ynformazion

[1] Bajo una cruz, encabezando la página.

[2] Los frecuentes puntos que aparecen en este primer documento no se transcriben ya que no se deben a razones ortográficas sino a la técnica de escribir.

Y por tanto suplico a v*uestr*a alteza se me haga la m*erçe*d destas tierras q*ue* sentiende aq*u*el asiento arriba di*c*ho de yupiay con las tierras destotro cabo del rrio por bajo del

[fol. 1v]

cerro de comuco como sale la azequia de lastanzia de arebalo y ba a las tierras de calderon y pero martin y da la buelta por las cabezadas de las de basco de gebara y buelbe a do yo tenia mi casa y asento de yupiay —

– Y suplico a v*uestr*a alteza la m*erçe*d que me fu he*c*ha de los yndos de don gonzalo y ma(*c*>)ranga y q*ue* v*uestr*a alteza me probeyo y el comendador melchor berdugo mi b*ezin*o me llebo se me de pues el conde de niba no quiso colnpril lo que por v*uestr*a alteza fue mandado con las tierraas a ellos perteneszientes y pido m*erçe*d

– Y suplico a v*uestr*a alteza se me de lizenzia para llebar dos sobrinos mios y el vno casado y para dos esclabos para mi serbizio —

– Y se me de lizenzia para sacar algunos entierros y adoratorios —

Y sobre el entiero quel conde de nieba me quito o alonso de abila por su mandado al señor presidente y oydores quen la zivdad de los rreyes rresiden se me haga (---) cunplimiento de justizia —

Al*onso* borregan[3]

[fol. 2r] (página en blanco)

[fol. 2v] (página en blanco)

[3] Firma en tinta azul.

[fol. 3r]

C*esaria* rr*eal* m*agestad*[4]

//Alonso borregan
1565 años
q*ue* no ay disposiçion para hazerse lo q*ue* pide en madrid
(*16*) 17 de enero 1565 años
El liçençiado
santander//[5]

Alonso borregan descobridor y conquistador de las partes de las yndias y del piru conquistador y poblador y veçino de la çivdad de los rreyes rreynos del piru y caueza prinçipal dellos y como agrauiado bengo a pedir justiçia a v*uest*ra m*agestad* y dar quenta de los seruiçios que yo a v*uest*ra m*agestad* e echo y en rreconpensa de tan buenos seruiçios y abisos [los ministros de v*uest*ra m*agestad* por dorar sus maldades an vsado contra mi crueldades las quales su mag*estad* bera aqui en hesta rrelaçion y lo que en ella fuere pidiendo con justiçia su mag*estad* mande proueher y ber mis escripturas y coronicas de aquel rreino porque con avtoridad de testigos sactisfare a su mag*estad* y dare bastante ynformarçion

– Son ya tantas las persecuçiones y sinjustiçias y agrauios que se me an e*c*ho que no ay juhiçio vmano que lo pueda sufrir ni conportar que no bastaua el trabaxo y afrentas que por seruir a v*uest*ra m*agestad* e*n*tre [los tiranos y su çecases[6] yo abia padeçido —

– Y creiendo que se me haria justiçia y conoçi*e*ndo no aber quien abisase a v*uest*ra mag*estad* ni le dixese verdad di al marques de canete la escriptura que ante v*uest*ra m*agestad* e*n*bio dandole avturidad de t*estig*os tienpo por [tienpo articulo por articulo de quien se ynformase juntamente con heste seruiçio quise hazer otro mayor a su m*agestad* y que vbiera gran suma de moneda y joias y piedras de gran balor sin agrauiar a nadie y bisi-

[4] Abreviatura <c. R. m.> bajo una cruz centrada en el borde superior del folio.

[5] Este inserto es una nota oficial que se debe a otra mano. Se lee la cifra *33* escrita sobre la <b> de <borregan>. En la parte superior derecha se puede leer también la cifra *28* así como la secuencia <f º> posible marca de una abreviatura.

[6] Lectura dudosa. En la edición de Rafael Loredo se transcribe <sus cecases>.

tar aquel rreino como e*n* mis escriptura pedi y rrestaurar a los natturales señores e*n* sus señorios y hazerles justiçia y sauer y entender todas sus cosas ansi de sus tierras como de las pasiones de los dos gouernadores y de las otras cosas mal echas contra dios y contra v*uest*ro rreal seruiç*i*o y de las rrebiliones alborotos del tirano gonzalo pizaro contra v*uest*ro bisorey basco nunez bela y muerte de su hermano bela nunez con argumento falso como despues del leuantamiento que hizieron a franç*is*co hernandez ofreciendole sus personas y haçiendas y como franç*is*co hernandez e*n*tendiese algunos tiranos destos no les dando credito y no queriendo e*n*tender e*n* tal negoçio a todos pideles los que le dieron por memoria lo firmasen de sus nonbres y ansi tomo las firmas de todos y aquestos tales por dorar y encubrir sus maldades determinan de lo dexar y benir a los oydores y açerles e*n*tender que fue fuerça la que les hizo e*n* hazerlos firmar —

– Çesaria m*agestad* los que hestauan e*n* la villa de guamanga que ay sesenta leguas del cuzco como les hizo fuerza syno quellos le e*n*biaron estas firmas y los que hestaban en el pueblo nuebo que ay çiento y beinte claro hesta quellos se las e*n*biaron y los que hestan en hariquipa que ay otras sesenta y ansi juntamente los que hestavan avsentes a çiento y a doçientas leguas de creher es que hestos de su boluntad se ofreçieron a su seruiçio y le e*n*biaron hestas firmas yestos y los que rrebelaron a gonzalo pizaro y siguieron a v*uest*ro visorei y lo desanpararon y se fueron al tiran*o* y desanpararon v*uest*ro estandarte rreal e*n* la çivdad de los rreyes —

[fol. 3v]

Y se fueron al tirano gonzalo pizaro de donde rredundo la muerte del fator ylla*n* juarez de carabaxal y porque descubrio el secreto q*ue* e*n*tre el y el bisorrei abian acordado y por la fuida de sus sobrinos los carabaxales y vn salazar corcobado que desterro el marques de canete aberiguando y sauido ser el mayor tirano alborotador que paso al peru y su m*agestad* sepa y entienda sus maldades y sobornos que an dado a v*uest*ros ministros porque a mi me anichilen y disfamen porq*ue* v*uest*ra mag*estad* no me de credito ni me quiera ber ni oyr por [rreberençia de dios pido a v*uest*ra mag*estad* y amonesto como prudente çesar y monarca

de la crisptiandad bea mis escriptus y coronica del piru y como primero y mas antiguo e*n* descubrir y conquistar y auer bertido mi sangre y auer gastado mi bida y mozedad e*n* su rreal seruiç*io* açiendo cosas acetas a la corona ynperial y rreinos despana con dos letrados cristianisimos su mag*estad* personalmente vea y mande ber la coronica y todo lo demas que yo les dare con avtentica ynformaçion porque se sepa y aberigue toda la v*er*dad y su mag*estad* delante destos dos letrados me de avdiençia pa*ra* que yo pueda hablar a moletones y se le pida cuenta del mal gobierno que hizo el y el conde de nieba y diego de bargas difuntos y melgosa v*uest*ro contador y el daño y perdida de sus rreales rrentas y de todo el daño que a v*uest*ra mag*estad* vbiere benido e rreçiuido v*uest*ra mag*estad* le
[tome cuenta
porque delante de mi yo le hare deçir toda la v*er*dad y v*uest*ra mag*estad* le mande espresamente diga la verdad y aun le apremie muestre vn escripto que le di de mi persona a la suya e*n* la guerta de la casa rreal de la çiudad de los rreyes y tanbien diga el daño que el marques de canete hizo e*n* descubrir el caso de la bisita y el secreto que le pedi tubiese de donde a sido gran daño y perdida al patrimonio de v*uest*ra m*agestad* y porque quise hazer vn muy gran seruiç*io* a v*uest*ra
[m*agestad* y que se
descubriesen (*a*) muchos tesoros y rriqueças y minas de oro y plata que hestan escondidas por los naturales //de// que davan tre(*b*>)uto a su señor el ynga y bisto el gran daño y perdida que abia echo y porque su mag*estad* lo abia de castigar a el y a sus consejeros me an arguido falsa y alebosamente y ultraxado y disfamado y corrido y por que de todo su mag*estad* sea çierto y lo sepa vmilmente y como leal sudito y basallo pido a su mag*estad* justiçia porq*ue* de todo dare bastante ynformaçion ansi de mys escripturas y coronica del piru como de las bellaquerias que contra my molletones y el conde de nieba an vsado —

– O çesaria m*agestad* que se a perdido y destruyd*o* la tierra que e*n* dandoles vn escripto dauan abiso a los tiranos por donde se a echo a v*uest*ra m*agestad* y a sus rreales haziendas gran daño e perdida ay
[nezesidad
que se uisiten aquellos rreynos del piru y que bayan cristianisimos caballeros alla y que tomen rresidençia a los oydores dotor sa-

rauia e quenca y los demas que alla estan su mag*estad* no me diese credito ni oyese ordenaron vna de las mayores bellaquerias contra mi que desde que el mundo es mundo se ha vsado contra onbre y por que se e*n*cubriesen todas estas cosas y seruiçios que yo e hecho a v*uest*ra mag*estad* no las supiese an quesido quitarme a mi heste seruiçio y darlo a vn don p*edr*o puerto carrero e*n*bia a pedir la bara de alguaçil mayor del cuzco e*n* rreconpensa no lo premita su mag*estad* asta que bea mis negoçios ni de credito a lo que los oydores ni el conde en su bida proueyeron porque al tienpo que me quise benir de mi casa biendome proue y no tener pa*ra* mis gastos pedi a los oydores e rrequeri tratasen v*erd*ad con v*uest*ra mag*estad* y le e*n*biasen toda la certidunbre y me diesen quatro mil pesos pa*ra* mis gastos pues benia pobre pues sauian que el conde de me abia quitado la m*erç*ed que v*uest*ra mag*estad* me e*n*bio con berdugo y biesen el daño q*ue* v*uest*ra [m*agest*ad

[fol. 4r]

avia rreçiuido y no me quisieron dar cosa alguna sino hazer me mil agrauios y sinjustiçias por lo qual a su mag*estad* pido como leal sudito y basallo y como onbre que padece con estos dos letrados que digo me mande hoyr y que se aga bastante ynformaçion pues aca e*n* espana ay caballeros conquistadores y pobladores de quien su mag*estad* se informe que yo dare ynterrogatorio ansi de las pasiones de los gobernadores y de las penas que sobre si echaron sobre la paz como de la pena que su mag*estad* les puso e*n* la prouision que perançules lleuo y de la persecuçion que el bisorrei basco nunez bela rreceuio y de todo lo q*ue* v*uest*ra mag*estad* quisiere sauer yo dare bastante ynformaçion porque no me an dexado pasar carta a estos rreinos que yo e*n*biaba a v*uest*ra mag*estad* ni abiso ni cosa que tocase a su rreal serui*ç*io que todo no me lo tomasen y diesen tras mi y echauanbe flayres que supiesen mi yntençion y con quien escreuia y como yo no hestubiese auisado y aruertido luego me las tomaban para me arguir mill maldades y porque v*uest*ra m*agest*ad bea el daño rreceuido aqui juntamente con este escripto lo dare por su orden —

– La escriptura que di al marques de canete que ante su mag*estad* bino y enbio se la di con bastantes testigos por donde [se] supiese tienpo por tienpo articulo por articulo y como de todo ello fuese çierto y lo supiese y rreprehendiese a don p*edr*o puerto carrero y a otros muchos y no e*n*tendiesen quien obiese dado tal auiso anda tras el vn basco de guebara y el arcobispo porque dio abiso este amendaño su s*ecretari*o y el don pedro traenlo e*n* banquetes y borracheras por las guertas y sus casas hasta que sauen del todo el negoçio y como biesen auer e*n*currido e*n* climen lexis magestates muchas vezes toda la tierra, y obiesen tocado los parientes del arcobispo y estubiesen tan dañados y obiesen quedados por fiadores del marques de los çien mill pesos del marques don franç*is*co picarro gobernador y del tirano gonzalo picarro que dio a cepeda quando e*n*tro e*n* la çivdad de los rreyes y lo reçibieron cepeda y sus oydores por gobernador conoçiendo bien heste mal fraile y arcobispo que su mag*estad* le abia de castigar e pedir quenta a todos los de la tierra haze con el marques de canete que lo deshaga y acele e*n*biar vn fraile franç*is*co ante v*uest*ra mag*estad* y dale tres mill pesos de v*uest*ra caxa para sus gastos juntamente por consejo del mesmo obispo y deste amendaño ordena vn perdon general a todos los que se auian allado con pizarro contra v*uest*ro visorrey y los que rrebelaron a franç*is*co hernandez se conpongan con dineros y luego despacho berdugo mi bezino a que deshiziese el negoçio y no se me diese credito y como baca de castro estubiese aca preeso o con ynformaçiones falsas que del peru e*n*biaban contra el no lo pudieron deshazer syno que se lo hizo deçir al mesmo verdugo todo pues lo abia bisto y porque yo tube notiçia [*çier*ta] de muchos adoratorios y entierros y algunas minas que los naturales vsauan y sacauan en tienpo de ynga y como heste mal fraile de obispo hesto supo y entendio da auiso a todo el rreyno a los *veçin*os y a los señores naturales que abia vn español que sauia sus secretos y minas y entierros y que lo alçasen todos y diceles a los v*eçin*os como yo al*ons*o borregan abia dado al marques de canete todos los negoçios y la claridad y cosas que se auian echo en el piru desde que se poblo hasta en aquel tienpo y como el marques lo auia e*n*biado aca a v*uest*ra m*agestad* y hazeles que agan ynformaçion contra el y digan q*ue* si

quiere rrebelar con la tierra y que gastaua la hacienda de
v*uest*ra mag*estad* y haze al dotor sauiaba y algunos oydores pongan su

[fol. 4v]

avtoridad en aquellas ynformaçiones y como no e*n*tendiese
el marques aquellas bellaquerias de aquel rreyno ni estas tra-
yciones y obiese e*n*biado a su hijo don garcia a chile y enbiase
polla gobernaçion a v*uest*ra mag*estad* y estubiese aca don antonio
de rribera avisanle que pida otro bisorrei que el marques se querria rrebelar con la tierra y como sonase mal
aquestas cosas aca en españa vistose e*n*ganado de aquel o-
bispo deste ladron de auendaño y de gasco de guebara y
don p*edr*o conçierta con ellos que me destru(*s*>)yan y disfamen
por todas las bias e que v*uest*ra mag*estad* no me bea ni me de avdiençia como todas estas cosas aquel mal fraile obiese orde-
nado determina con el marques de canete que e*n*bie a v*uest*ra
mag*estad* a pedir liçençia para sacar guacas y enterramientos y v*uest*ra
mag*estad* como no aya auido quien avisase a v*uest*ra mag*estad* y le trate
[v*er*dad y su-
piese las cosas del piru ni las ma(-)ldades que alla se usa(*se*>)ra conçe-
dio y da licençia para sacar los d*ic*hos e*n*tierros adonde se a sacado e*n*tre
españoles y naturales dos millonees de moneda y como se des-
cubriese el e*n*tierro de guainacaba y de topa ynca su padre y de
el guasca hijo e nieto destos dos y de la coya senora prinçipal y es-
condiesen tanto tesoro y piedras de gran balos los señores que lo tenian a cargo y porque hestos cuerpos e*n*balsamados con vn balsamo adorifero y mui rrico truxesen aquellos cuerpos a la çiudad
de los rreyes y biese el marques de cannete el yerro que hizo en
descubrir el secreto que yo le e*n*comende a este mal fraile arçobis-
po haze con este fraile arcobispo que me destruiga por q*ue* v*uest*ra m*agestad*
no me diese credito y que el abisarial conde de nieba aga lo mesmo
y ansi lo an puesto por la obra y dexo su mayordomo que me acuse despues de su muerte y como yo estubiese ynoçente de aquellas vellaquerias y (*su*) no supiese hestas traiçiones y no me rrecate de ninguna cosa y como llegase molletones a la çiudad de los rreyes dile
el escripto (*que enta*) y la claridad que al marques auia dado y el

caso de la visita y lo que auia de pedir a los cauildos de la tierra y cobrase todas las haçiendas de v*uest*ra mag*estad* y gastos que se auian echo de v*uest*ra rreal caxa que el bisorrei basco nunez bela pa*ra* sus soldados y armas y caballos y yeguas y como el tirano auia echo jus*tiçi*a mayor a don (*t*) antonio de rribera y auia abido muchas yeguas y caballos y que aquellos fiadores del tirano y todos sus cecases se cobrasen al fin e*n* mi escripto dandolo molletones a su mag*estad* lo bera pues llegado el conde y bisto lo que el marques contra mi dexo dentras mi para hazer esta uellaqueria hazen corregidor a vn salacar corcobado el mayor tirano alborotador de aquel rreyno que a yndias paso y busca mill beellacos que atestiguen contra my y haze vna conjuracion contra mi y atrauiesase vn bellaco de vn guerra y dize que auia oydo deçir de vna bellaqueria que aconteçio en el pueblo donde yo naçi y como hestubiesen juntos de toda la tierra oydas estas bellaquerias hazenles que se bayan a sus becindades y traimme corrido y disfamado y persiguido syn yo me poder baler quise hazerles entender ser maldades y abonar mi persona y estoruolo el conde de nieba que no quiso que cosa mia pareçiese con avtoridad aca en españa por dorar sus maldades y ladroniçios y los de sus conpaneros echo este encartamiento y bisto que todas estas cosas e*n* contra mi abian vsado heran maldades nunca me quisieron dar

[fol. 5r]

liçençia hasta que fue benido munetones a dar abiso a todos aca en espana asi a los deudos del marques de canete (*av*) para que hestubiesen adbertidos en la vellaqueria y tanbien a los suyos pedi liçençia pa*ra* benirme a quexar a v*uest*ra mag*estad* muchas vezes y no la pude aber pa*ra* pedir justiçia —

Ttanbien auia pedido al marques de canete y a su alcalde de corte dotor quenca y di quexa de xeronimo de silva alcalde de hermandad del rrobo y daño y manquera de la mano derecha y como me auian echado los negros de don antonyo de rribera con otros fugitibos que andaban alçados y nunca me quisieron hazer jus*tiçi*a desanpare la ynstancia y talaronme los ganados de los v*ezin*os la guerta a do tenia plantado todo genero de arboles despaña y de la tierra a do me hiçieron de daño y perdida mas de dos mill castellanos porque de miedo que no me matasen la desanpare y dexe que bien creo se olgara el marques de canete la qual yo pidire a v*uest*ra mag*estad* y de todo dare ynformaçion aqui en espana por tanto a su mag*estad* suplico y pido como prudente çesar y monarca de la crisptiandad con estos dos letrados que digo y suso la persona y con todo secreto y prudençia su mag*estad* sea ynformado con los testigos que yo dare aqui en espana poniendo rremedio y abisando a los señores de la casa de contrataçion en sevilla tengan aviso y todo rrecaudo que no bayan cartas de abiso de aca despaña al piru ni bengan de alla que no sean tomadas y bistas por v*uest*ra mag*estad* y a los maestres con pena bean todos los pasageros y sus caxas sean rregistradas y tomadas las cartas y bistas y escripturas de los mercaderes juntamente y desta manera su mag*estad* sabra todas las bellaquerias de los ministros que su mag*estad* alla ynbia porque luego dan abiso a los que alla ban y ban adbertidos de todas las maldades que alla vsan y porque en el piru el l*içençia*do castro que alla va no a de allar verdad ni quien se la diga v*uest*ra mag*estad* lo sepa aca en españa que aca ay queien lo saue y a bisto por sus ojos y como se e*n*bie vn alcalde de corte a las personas que yo senalare o e*n*biarlos a llamar secretamente que no se e*n*tienda ni sepa hasta que su mag*estad* sea ynformado y lo aberigue todo y prouea de oydores que prouean de rresydençia a los que alla eestan y a su friscale y a su fator rreal y a todos sus ofiçiales y no les consientan que se arraiguen en la tierra —

– Porque si estos oydores que alla estan tienen casadas sus hermanas e hijas como les an de tratar v*er*dad y no fauoreçer aquellos sus hijos que agora biben q*ue* los padres ya son muertos que e*n*cubrirles tienen sus maldades y no se cunpla lo que el obispo a echo pedricar e*n* los puelpitos e hizo e*n*tender al marques de canete q*ue* toda la rrenta de aquel rreyno se quedase e*n* la tierra y ordeno diese lanzas mill pesos de salario y arcabuces a sey(-)cientos y a quinentos porque en la prouinçia de quito no es menester avdiençia syno gobernador por

[fol. 5v]

hebitar gastos y poner bisita sobre los gobernadores cada quatro años y que pelen aquellos tiranos y que bayan otros oydores y les tomen quenta a los tiranos si se quexaren de los oydores pasados o de los bisitadores y que les agan e*n*tender como an bebido muy mal e*n* los tienpos pasados y que acabados de consumirse las dos bidas que su mag*estad* les hizo m*er*ç*e*d que su mag*estad* no prouea yndios syno personas que lealmente le ayan seruido (--) —

– Para chile prouea v*uest*ra mag*estad* vn gobernador que pueble y conquiste toda la tierra y descubra adelante y de de comer a los que lleuare y alla allare y no avdiençia rreal que se destruyra la tierra hasta que se pueble toda porque los oydores no an de yr a conquistar ni descubrir

Suplico a su çesaria m*agestad* mande e*n*premir mi coronica que yo la dare como prinçipal coronista y claro (*que*) y verdadero e*n* toda ella y a mi su mag*estad* maga merzedes que yo senalare lo que se me de y aquellas tierras de que me echaron los negros y me talaron los granados de mys v*ezin*os y por que vera su mag*estad* como a e*n*mendad*o* n*uest*ro señor dios muchas cosas y castigado a los mas culpados y obrado con su misericordia mire esto de aqui adelante como ba por su orden —

Prinçipalmente se mire la muerte del gobernador pizarro y fran*cis*co de chaues su corr*egid*or y fran*cis*co martin su hermano porque rronpio el conçierto y ostia partida con su conpanero almagro porque nunca quiso con el paz que no vbo clerigo ni frayle que lo lleuase a enterrar syno vn negro y vna negra y vn yndio y vna yndia sin clerigo ni otra cosa y mirese la muerte del obispo fray bicente de baluerde (*que fue corregidor*) y dotor belazque su yerno que fue corregidor que los mataron los yndios de la puna y los comieron con agi que pudiera ebitar aquel obispo gran daño e no quiso en el tienpo que hernando picarro rronpio el conçierto y rreboluio sobre almagro y lo fue dando alcançe hasta que lo mato ni quiso obedeçer la prouision que perancules llebo y por su causa mataron al capitan p*edr*o de lerma que hera muy onrrado capitan y seruio mucho y le deve v*uest*ra m*agestad* vn onrrado rrepartimiento lo que pidieren sus devdos —

– Otrosy se mire la muerte de picado s*ecretari*o de picarro por el menospreçio que a los de chile hazia y a don d*ie*go de almagro el mozo — q*ue* lo pusieron en el rrollo

– Otrosi se mire la muerte del capitan castro a esto

[fol. 6r]

cadas —

– Otrosy se mire la muerte del fator yllan juarez de carabaxal porque descubrio el secreto que el visorrey basco nunez bela y el acordaron y por la fuida de sus devdos al tirano gonzalo pizarro y porque desanpararon el hestandarte //rreal// de v*uest*ra mag*estad* y se fueron al tirano —

– Y se mire la muerte de don gonzalo diaz que el bisorrey hizo capitan del canpo y lo e*n*bio a guadacheri a sauer de las cosas del tirano y se le fue al tirano y despues murio mala muerte —

– Otrosi se myere la muerte de vn hernando de albarad*o* hermano del mariscal al*ons*o albarado que lo e*n*bio el visorrey a hazer gente a truxillo y *c*ha*c*hapoyas y tomase de la caxa de v*uestr*a m*agestad* dineros para los soldados y murio a manos de los soldados del bisorrei çerca de samiguel que nunca mas pareçio —

– Y tanbien se miren las muertes que murieron los que rrebelaron al tirano gonzalo pizarro y la de machicao y otro olea que los ahorco carabaxal —

– Otrosi se miren las muertes que murieron el mahese de canpo y capitanes del virrei que le andaban en trayçion porque no auia e*n* todo aquel rreyno quien le tratase v*er*dad ni amistad que todos fueron traydores —

– Otrosi se mire la muerte que murio vn manuel de hestaçio que hera corr*egid*or e*n* guaequil y fran*cis*co bazquez su conpanero que los mato fran*cis*co de olmos a punaladas —

– Otrosy se mire las muertes de todos aquellos que rrebelaron al tirano gonzalo pizarro y se le fuyeron para çenteno biend*o* el perdon del presidente gasca y mas culpados que no el en la rribilion suya y mas culpados que el y todos murieron a sus manos —

– Y mirese la muerte de palomino que lo mato fran*cis*co hernandez a punaladas y la de vn hinojosa general que lo mato don sebastian a estocadas porque hestos dos vinieron a panama y a nicuaragua y todo lo pusieron de vasco del tirano hasta que se dieron al presidente pero gasca en panama

[fol. 6v]

O çesaria m*agestad* por que bea como dios n*uestr*o señor no consiente ni es seruido que hestas vellaquerrias sean yncubiertas sino castigadas y su mag*estad* las e*n*miende y castigue mire la

– Myre la muerte del marques de canete que fue
fama que lo atosigaron por deshazer la v*er*dad
y enganar a v*uest*ra mag*estad* (*y*) —

– Y mire la muerte de diego de bargas que yba
por perpetuador que murio mala muerte de
camaras de sangre y dexo e*n* su testamento treyn-
ta o quarenta (*pesos de*) mill pesos de rrestituçion
que auia cohechado

– Y ansimismo se mire la muerte del conde de nieba abin-
testate y sin confision vltraxandome a mi y disfa-
mandome aviend*o*me de fauorezer y onrrar por sus
ladroniçios y bellaquerias y rrufianerias y ofensas
contra dios y v*uestra* mag*estad* cometidas por no querer castigar y enmendar aquel rreyno tan rremoto y apartado de v*uest*ro
rreal serui*çio*

Por lo qual çesaria mag*estad* mire lo que haze a quien encarga y da sus cargos de jus*tiçi*a y enbia aquellos
rreynos que no sean estremenos ni andaluzes syno
castellanos y buenos *christ*ianos temerosos de dios y que
castiguen y enmienden lo que alla(*s*>)ren por jus*tiçi*a
y porque su mag*estad* es obligado de fuero conçiençia a los hijos
de los que an muerto e*n* las batallas por la maliçia de los mal-
vados que se rrecoxan todos los que allan perdidos y entre yndios ansi mugeres como onbres y se les aga dar ofiçios a los
que fueren onbres y a las mugeres se pongan e*n* vn monesterio y las dotrinen hasta que se casen

A su mag*estad* suplico por amor de dios pues traygo nezesidad
se me de socorro pa*ra* mis gastos y de comer hasta que aca
ve yo de dar ynformaçion a v*uestra* mag*estad* y porque e*n* mi coronica senalare no digo mas como vmilde sudito y verdade-
ro basallo que hespero hesta m*erç*ed deste socorro —

Al*on*so borregan[7]

[7] Firma en tinta azul.

[fol. 7r]

*Ces*ar*ea* rr*eal* m*agestad*

Es tan grande el agrauio que se mi hizo en no cunplir el mandado de v*uest*ra m*agestad* el conde de nieba difunto porque no son mas de çien yndios los que pareze tener aquel prençipal juntamente con hestos de don gonzalo que asi se llama suplico a su m*agestad* me de otros que hestan cabo ellos que se llama surco que seran hasta treçientos q*ue* por todos seran quatrocientos yndios juntamente con vna heredad que el don gonzalo hizo edeficar de vina e guerta e las tierras perte- neçientes a estos yndios y prinçipales porque hesta vina hes- ta edeficada e*n* vna tierra de v*uest*ra m*agestad* que hera de ynga //y esta m*erç*ed de los yndios se e*n*tienda con los yntereses de año de [çinquenta y seis y pid*o* justiçia// —

– La bara del balle de chincha que hes rrapartimiento de v*uest*ra m*agestad* con seysçientos pesos de salario para vn hijo mio que se llama p*edr*o borregan

– Y el tanbo del mesmo balle y casa pa*ra* poner en ella vna muger que sirua los q*ue* pasaren para el mesmo mozo y para mi perpetuamente //**esta merçed**//[8]

Y la tierra y eredad de donde me hecharon los negros y mancaron de la mano de*rech*a que v*uest*ra m*agestad* podra ver y me hizieron de dano y perdida mas de dos mill cas- tellanos que no pude alcanzar just*iç*ia

Que se e*n*tiende el asiento de yupiay y otra poca de tierra que hesta por baxo de la açequia que salee de la hestançia de arebalo que hes aquella açequia que ba a la tierra de calderon y de p*edr*o martin y de ju*an* de miranda asi como dize al salir aquella açequia es aquella poca de tierra de los yndios de carabayllo asi como ba hasta la de calderon y p*edr*o martin y de la vuelta por las cauezadas a la de basco de gue- bara y da la buelta hasta el rrio y canaberales

[8] Añadido por Alonso Borregán.

del asiento de yupial adonde yo tenia mi casa que se *en*tienda çien anegadas de tierra pa*ra* mi
e para vn hijo casado y sus hijos que queda
con harta nezesidad mi casa y la suya y esta m*erçe*d
suplico a v*uest*ra m*agestad* pues todo hes poco pa*ra* des-
pacharlo con breuedad — [9]

Y esto se probrea[10] con brebedad por rreberencia de dios y pido socorro
a vuesa majestad cuatro mil pesos para me probeer de erramientas
para sacar çierto entierros y adoratorios pues es para su majestad la mitad de todo lo que yo sacare y descobriere y pido justiçia
y merçed

Al*onso* borregan

[fol. 7v]

No es justo çesaria majestad q*u*e a mi me maltraten los ministros
que su majestad manda al peru por aber abisado a vuestra
majestad i echo tan gran serbiçio y pido justiçia —

Al*onso* borregan

[fol. 8r]

Porque su majestad bea en estas declarar//z//ion como no quisieron azer
[cosa que (*en*) //sea// serbiçio de vuesa
majestad //ni// yo les diese ni el marques de cañete ni el conde de nieba ni
[los de su consejo arien[11]
yra dicho lo que yo di al comendador bilbiescas de molletones —

I porque no destruygan nuessa intençion se probea a los señores de la casa
[de contra-

[9] Borregán mismo introduce aquí como marca de final de párrafo un signo en tinta azul. Sigue un autógrafo del mismo Borregán.

[10] No se puede ver claramente si la segunda <r> está tachada.

[11] Palabra díficilmente descifrable; en la edición de Loredo se transcribe como <creian>.

taçion que no bayan cartas a las yndias ansi por la bia de tierra firme y
[cartajena
i nonbre de dios que no sean tomadas i traidas ante vuesa majestad ansi de mercaderes como de pasajeros que se fueren de abiso al que las llebare lo agan castigar y ansi las que del piru binieren por que se sepa toda la berdad de sus (*tos*) intençiones i bellaquerias que se haran i ebitara muchos males su
[majestad
porque su majestad tenga todo rrecaudo i no aya tantas madades enbie su
[majestad
un enquisidor çristianisimo que entienda en bisitar lo eclesiastico entienda
[las co-
sas de los obispos i de sus coechos i de los clerigos questan en las dotrinas
[de los natu-
rales porque ay nesçesidad que conoscan los moros i confesos que alla ay i
[estos son
los que atestiguan contra los cristianos biejos ijosdalgo por los anichilar y
[disfamar
i (*cumple que*) cunple por todas las bias se castigen pues esta prebeydo que
[no pasen a las yndias los tales

– I que se probea de un alcalde de corte por bisitador de los oficios descri-
[banos se-
cretarios i que este entre en consejo de los rrejidores de cabildo tres dias
[en la se-
mana ansi con los rrejidores de la çiudad de los rreyes como en todos los
[pueblos
y çiudades del piru i desta manera se sabra todas sus yntinçiones —

I los que del piru an benido con mensajes / ansi los que enbio el marques de cañete como los que enbio el conde de nieba (*i se*) con mensajes falsos su majestad les mande pedir (*los*) los dineros que de la caxa de su majestad les fue dados para sus gasto como al rrelator el liçenciado cartajena i tanbien amendaño

– Porque mis escrituras i coronicas su majestad bea ser berdaderas mande su majestad tresladar i tener en su poder i quando biniere del piru alguna cosa ante su majestad o ante su rreal audiençia su majestad bera como todo se rrefiere a lo que en ellas ba escrito i yo pido i porque el alcalde de corte que fuere a bisitar los ofiçios de esçribanos i secretarios ara gran fruto a todo el rreyno i su majestad le mande espesamente le abise de todo i castyge y corte pulgares a esçribanos i secretarios —

–Y porque su majestad sepa el grande agrabio que se me a echo y porque antes que se saliese el comendador liçençiado bilbiescas y melgosa

[fol. 8v]

quise azer conpañia con vuesa majestad i pa(*lo*)ra sacar çiertos entyeros i adoratorios i dar la mitad a vuesa majestad i estorbolo este comendador molletones i desde entonzes propusieron de dezir que no me conoscian i quise sacar un enterramiento para sacar dineros para mis gastos y benir a quexarme a vuesa majestad i quitomelo el conde manosamente del qual entierro protesto i pido doze mil pesos de lo que esta [sacrestado del conde //de// nieba porque aqui bera su majestad la liçençia y [porque aqui esta su contador melgosa que lo dira lo de la conpania que no quisieron admitir —

– Por tanto a su suplico omilmente que me aga merçed de la protetoria de los naturales juntamente con lo que alla pido i baya un caballero cristianisimo caballero por alcalde de bisita que yo le aclarare todo lo que se a de azer porque a mi no me an de engañar los senores naturales y porque cunple al serbicyo de su majestad sea con brebedad para este enero sea la partidida i porque yo llebe todo rrecaudo de eramientas i otras cosas nesçesarias su majestad me mande dar el socorro de los quatro mil pesos que por quatro que su majestad aqui me mande dar dare ocho como su majestad me de el tal fabor para sacar los entierros y guacas

– Porque me an rrobado toda mi azienda sin poder aber justiçia y alla yo pida al dotor quenca rresidiençia a su majestad soplico bayan otros oydores a tomar rresidiençia y al dotor (*quenca*) sarabia –

–Y porque amendaño sera justo de entera rresidiençia y se le aga cargo que siendo secretario de su majestad en la rreal audiençia del piru porque consintyo i primitio quel marques de canete iziese perdon jeneral a los tiranos que abian sido con gonzalo picarro i rrobado las aziendas de su majestad y pastos quel bisorre y basco nuñez bela abia echo de la caxa de su majestad entendiendo i biendo ser mi escritura de gran calidad

– Otrosi se le pida y aga cargo (*que*) bisto los de las fyr mas de los que alzaron a (*gonzal*) *francis*co ernandez [a]bisar al

[fol. 9r]

marques de cañete les confyscase sus bienes y a ellos los echase y desterrase del rreyno pues conosçio aquellos abian sido los que abian alzado a (*fco*>) gonzalo piçarro y muerto el bisorrey y a su ermano bela nuñez y rrobado las aziendas de vuesa majestad

– Otrosi se pida a molletones y (*senti rre*) //a liçinciado// bilbiescas que pues [su majestad lo enbio al piru por(*que*) bisitador porque no tomo que*n*ta a los cabildos del cuzco que fue la causa que quando el adelantado almagro les rrequirio con la probision de su majestad de gobernador que lo rresçebiesen costandoles juntamente tener conpania con el gobernador picarro i no tener cosa conosçida ni partida sus aziendas pues su majestad abia quedado por eredero de los bienes de almagro —

– Otrosi porque no tomo quenta a los bezinos de la çiudad de los rreyes quando almagro bino a chincha i pidio se partiesen las gobernasiones como no rrequerieron al gobernador picarro y almagro que tubiesen paz yrles a la mano y al azer de la jente y los capitanes i no alborotasen la tierra i le descargasen de aquellos cargos y con justiçia castigar y enmendarlo todo —

– Otrosi pedirles quenta a molletones y a melgosa porque no se tomo quenta a los dos cabildos ansi los del cuzco como los de la çiudad de los rreyes quando se les yzo el rrequirimiento al gobernador picarro y a ernando picarro que quando les costaba aber encurrido en los dozientos mil pesos ansi del conzierto como de la probision como no cobraron aquellos dozientos mil pesos //de aquellas penas//

– Otrosi como no pidieron al cabildo de truxillo y chachapoyas de los gastos que yzo (g>)y ernando de albarado quel bisorrey lo enbio azer jente y tomase de la caxa de su majestad dineros para sus gastos y azer aquella jente y no le acodio sino al tirano y lo detubieron por alla

– Otrosi se pida al comendador bilbiescas de molletones la azienda y rrobos que a ma*n*go ynga en el cuzco abian

[fol. 9v]

rrobado y lo tenia en deposito diego maldonado el rrico que en aquel tienpo fue alcalde ordinario y lo tenia en deposito i todo esto lo que se les allare por justiçia

–Y ansimesmo se le pida que no pidio a los que le rrobaron su casa i forzaron sus mujeres y castigarlos por ello pues yo le di toda claridad i berdad (*si no*)

–Y no quisieron sino azer contra mi mil maldades y tomarme mis cartas que ante vuesa majestad yo enbiaba dandole abiso de sus maldades porque no quisieron sino disfamarme y ultrajarme i de todo pido justiçia que se sepa sus maldades y rrobos i coechos y ansi se me rrestituya mi azienda y su majestad me aga merçed de los yndios que pido pues son tan pocos y las tierras ya dichas y la merçed (*de lo de chin*) para mi ijo y pido justicia —

–Y se pida al comendador molletones el escrito que alla digo en mi negoçio y otro que di al conde de nieba en consejo se le pida a melgosa —

A*lonso* borregan

–Y tanbien a los fiadores del tirano gonçalo picarro que dio a cepeda de no azer agrabios

– Otrosi se le pida que fue la causa que no tomo quenta a vn antonio de rribera que lo yzo justiçia mayor el tirano gonzalo picarro y truxo rrobadas geguas caballos y armas que se rrobaron en el alcanze del bisorrey basco nuñez bela y todo lo vbo don antonio y de todo le di abiso y se le pida mi escrito que alli se bera todo y mas autentico —

Al*onso* borregan

[fol.10r] (página en blanco)

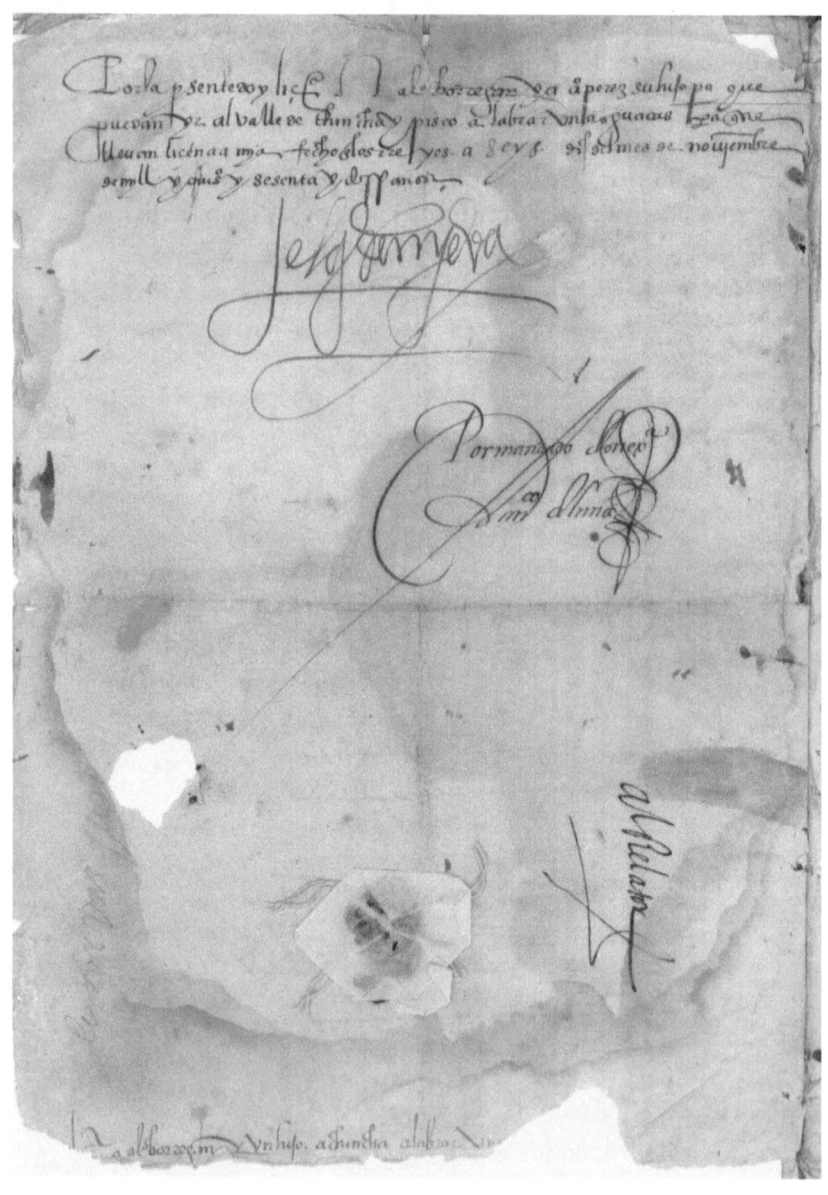

Alonso Borregán: *Segunda Licencia* (fol. 11v)

[fol. 10v]

Don diego lopez de çuniga y de v*elas*co conde de nieua visorrey
[gouer*nad*or y cap*itan* gener[a]l
en estos rreynos y prouin*çi*as del piru por su mag*estad* etc a vos el
[corregidor del valle de chincha
y de pisco y otras qualesquier justiçias de su mag*estad* q*ue* en ellos ouiere o
[a qualquier de
vos a quien esta mi carta fuere mostrada saued que alonso borregan me hizo
[rrelaç[ion]
que el tenia notiçia de çiertas guacas o enterramientos en los dichos de
[donde
se podria sacar cantidad de oro y plata y que por mi le auia sido dada
[(*çierta*>) liçe*n*çia pa-
ra las labrar lo qual el no podia hazer si no se le proueyan de algunos yndios para la dicha labor pidiendome vos mandase que le hiziese dee dar los yn*di*os que o-viese menester para la dicha labor que el estaua presto de les pagar sus jornales y lo que justamente mereçieren lo qual por mi visto di la presente por la qual vos mando que hasta tanto que se da la horden general para la labor de las gua-cas y minas proueais como luego se den yndios al dicho alonso borregan para la labor de las dichas guacas de manera que sin les hazer fuerça traua-jen en ellas moderadamente y con toda consideraçion pagandoles por su trauajo lo que justamente ouieren de auer en sus mesmas manos proueyendo ansimesmo que sean de los yn*di*os mas çercanos a las dichas guacas que ser pue-da y no trayendolos de diuersa rregion y clima porque se haga sin daño de su salud y con el menos perjuyçio que ser pueda, teniendo atençion a que las dichas guacas se labren como conviene y los dichos yndios sean bien tratados lo qual ansi hazed y cumplid so pena de cada qui*nient*os pesos de oro para
[la cam*ar*a
de su mag*estad* fecho en los rreyes a seys dias del mes de nobienbre de mill y qui*nient*os y sesenta y dos años —

Conde de nyeva[12]

Por mandado d*e* su ex*celençi*a
franc*is*co d*e* luna

[ordi]nari[a] para [que a]l[*ons*]o borregan [le den yn*di*os] p[---] vn[a g]uaca[13]

[12] Firma del Conde de Nieva.

[13] Papel dañado: por esto se sigue la transcripción de la primera edición.

[fol. 11r] (página en blanco)

[fol. 11v][14]

Por la p*re*sente doy liç*ençi*a a al*ons*o borregan y a alonso perez su hijo pa*ra* que puedan yr al valle de chincha y pisco a labrar vnas guacas pa*ra* que lleuan liçençia mia fecho e*n* los rreyes a seys dias del mes de nouiembre de mill y qui*nient*os y sesenta y doss anoss.

El q*on*de de nieva

Por mandado de su ex*celenç*ia
franc*is*co d*e* luna

al rrelator[15]

a al*ons*o borregan y vn hijo a chincha a labrar vn[---].

[14] Este folio está especialmente deteriorado. En la parte inferior izquierda incluso hay un agujero.

[15] Perpendicular al resto del texto.

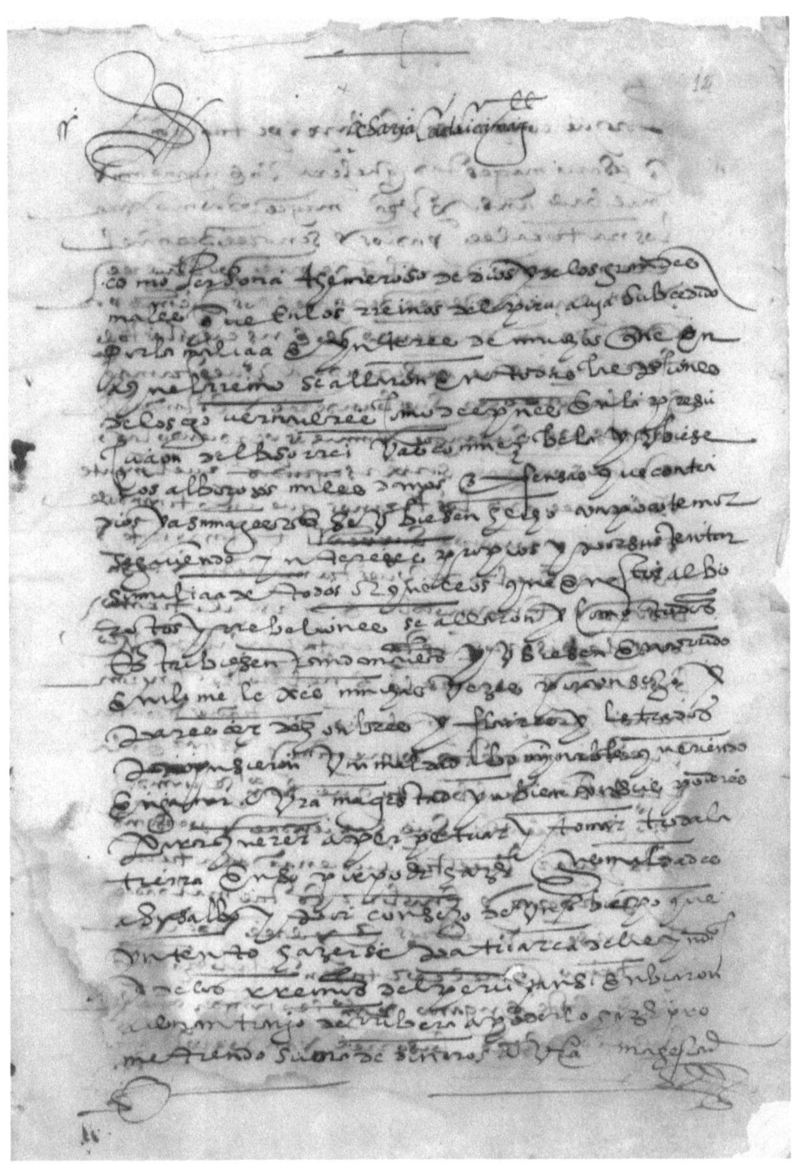

Alonso Borregán: *Tercera petición* (fol. 12r)

[fol. 12r]

– Çesaria catolica mag*esta*d

Como persona themeroso de dios y de los grandes
males que en los rreinos del piru auia subçedido
por la maliçia e ynteres de muchos que en
aquel rreino se allaron en todas las pasiones
de los gouernadores como despues enbi presu-
cuçion del bisorrei vasco nunez bela y vbiese
los alborotos males danos ofensas que contra
dios y a su magestad se vbiesen hecho con poco temor
seguiendo yntereses propios y por sustentar
su maliçia de todos aquellos que en estos alborotos y rrebeliones se allaron y como todos
estubiesen tan dañados y vbiesen encorrido
en clime*n* lexes muchas vezes por consejo y
paresçer de honbres y flaires y letrados
p[r]opusieron vna maldad abominable queriendo
enganar a v*uest*ra magestad ynbien con sus poderes
para querer aperpetuar y tomar toda la
tierra en si para pod*e*r hazer sus maldades
a su salbo y por consejo de vn obispo que
yntento hazerse patriarca de las yndias
y de los rreinos del peru y ansi enbiaron
a don antonio de rribera a poderlo hazer pro-
metiendo suma de dineros a v*uest*ra magestad

[fol. 12v]

porque conçediese en la perpetuaçion /

– O çesaria magestad que hera vn engaño muy malbad*o* o ansi pa*ra* v*uest*ra magestad como para los naturales yndios y senores de aquel rreino como para los demas poblad*o*res y conquistadores de aquellos rreinos porque ya an yntentado en hecharlos tod*o*s fuera a los que an seruido a vuestra mag*estad* en favoresçer sus banderas y estandartes bertiendo su sangre y muchos perdiendo las bidas y las honrras ser perseguidos cruelmente y d[es]fa[uo]resçidos los tiranos que amotinandose y desanparando su rreal estandarte y tomando sueldo de vuestra magestad y de su bisorrey en su nonbre e yrse al tirano consalo pisarro asta cortar la cabeza a v*uest*ro bisorrey y ponersela en el rrollo con gran menospreçio e ynfamia contra dios y contra vuestra magestad cometida y firmar en la rrebelion y alboroto que fran*çis*co hernandez hizo ofreçiendole sus haziendas y personas asta hechar vuestra audiençia de la tierra y por dorar y encobrir estas maldades benirse a vuestros oyd*o*res y dexar al tirano quel cortasen la cabeza conosçiendo este engano fran*çis*co hernandez que fue caudillo de v*uest*ro bisorrey y anparo vuestro

[fol. 13r]

bando y gasto su hazienda y puso su bida
e*n* la batalla de anaquito en seruiçio de
su magestad y por hecharle de la tierra y
del mundo haziendose ellos leales y a el tirano y ansi mand*o* despues de su muerte a su
mug*er* y su suegra todas aquellas firmas fuesen guardadas y dadas a su magestad y como
mugeres flacas biendose corridas y desan-
paradas y desfauoresçidas lla[m]andoles
muchas vezes suegra y muger de vn tirano —

– Entrometiendose vn arçob*is*po abisand*o*le
aquellos tiranos que aquellas firmas
no paresçiesen ante vuestra magestad
pues estaban alli firmados muchos deudos suyos y pues auia venido el marques
de canete a gouernar aquel rreino del piru
que le diesen a el las firmas que el se las
daria al marques y que las fauoresçerian y
avn daria sus hindios /

Engañadas las pobres mugeres y quita dellas
las que les paresçio que heran de sus deudos
e ynbia las otras con vn don pedro puertocarrero su deudo y que la mesma mug*er* del
d*i*cho franç*is*co hernandez las llebase y se las dieron
al marques y hordena este obispo que todas
estas d*e*stas [fi]rmas se conpusiesen con din*er*os
juntamente ordeno que hubiese perdon

[fol. 13v]

general a todos aquellos que auian rrebelado
y al tirano gonçalo piçarro contra vuestro
bisorrey y le auian muerto y seguido asta hechar-
lo del mundo /

– O çesaria magestad que ay nesçesidad que
vuestra magestad personalmente con dos
letrados *christia*nisimos me //de// audiençia para
que yo aclare a vuestra magestad todas
estas cosas porque se[r]a bien claras y des-
tintas con bastante ynformaçion la sepa
y entienda y no sea vuestra magestad
enganad*o* por sus menistros bibiendo rre-
catado de todos pues toca a vuestra
mag*esta*d e a su conçiençia la paz y quiatud de
aquel rreino donde tanto probecho
vuestra magestad a auido fauoresçiendo
a los que le an seguido o seruido y pagandoles sus trauajos theniendo atençion
prenzipalmente a los descubidores y conquistadores de aquellos rreinos (*y*) /

– Y conosçiendo yo alonso borregan todos
estos enganos e traiçiones y maldades como honbre que conosçe sus coraçones
y malas yntençiones biendo no se sufrir
que vuestra magestad fuese engañad*o*
y aquel rreino no beniese a poder de tiranos
en algun tienpo porque fuese rremediad*o*
por vuestra magestad —

[fol. 14r]

– Di al marques de canete la scriptura que aqui vuestra magestad bera amonestandole y presuadiendole abisase a vuestra magestad para que vuestra magestad p*ro*beise con justi*çia* y creo la hizo partes y no la enbio toda tan autentica como yo se la di dandole bas*tan*te ynformaçion con test*ig*os autenticos tienpo por tienpo articulo por articulo y que si enformase de todo y ansy abise a vuestra magestad y como no se vbiese sauido todas estas cosas asta aquella hora avnquel gouernador vaca de castro andaua preso y fatigado con ynformaçiones falsas vuestra magestad bista la *escri*ptura y constandole ser verdadera abisado por el mesmo gouer*nad*or vaca de castro le ausolbio e hizo merçedes y probeyo se me diesen a mi los yndios de don gonçalo arguiendome el conde y molletones e diego de bargas consentiendolo v*uest*ro contador melgosa an v[z]ad*o* contra mi mill crueldades por me anichilar e disfamar y an propuesto quitarme a mi esta gloria y darla a vn don p*edr*o puertocarrero siendo vno de los tiranos que an rrebuelto el rreyno y sido de los mas culpados de todas las pasiones e rrebeliones porq*ue* quand*o* el paso al peru ya yo hera vezino

[fol. 14v]

en la çiudad de truxillo y tenia hindios por el
marques //don// franç*is*co piçarro gouernador y sera
justo que como honbre mas antiguo descobridor de aquellos rreinos sea fauoresçid*o*
con justiç*ia* y que la maliçia de sus menistros no
pase adelante syno que se sepa y aclare toda
la uerdad y se castigue esta suçiedad y
bellacaria que contra mi se a vsado y se le pida
cuenta a moletones del mal gouierno que
hizo en aquel rreino pues yo le abise e*n* vn
escripto que le di de mi persona a la suya e*n* la
huerta de palaçio adonde poso luego y quand*o*
llego a la çiudad de los rreies porque delante
de mi yo le pueda ablar delante de vuestra
magestad y de dos letrados *christia*nisimos
que bean y conozcan el engano que vsa en
no querer tratar verdad a vuestra magestad
pues a perdid*o* vuestra magestad legitima-
mente los doçientos mill pesos que en mi
escriptura ba declarado syn los gastos que
bisorrey basc*o* nunes bela hizo para sus soldados e*n* armas y hiegoas caballos que rrobaron
los tiranos que con gonçalo piçarro se allaron
pues todo esto se pago de la caja de v*uest*ra
magestad / fuera justo como criado de v*uest*ra
magestad procurar todo esto y cobrarlo y
no entender en otras subçiedades y bella-
carias contra mi y besitar la tierra como

[fol. 15r]

en mi *e*scripto le di y declare el qual pido se le
pida juntamente con otro que di al conde en
consejo esta*ndo* pr*e*sente v*uest*ro contad*o*r melgosa
que fuera justo este como criado mas
propinco a v*uest*ra magestad lo vbiera auisad*o*
pues a perdido vuestra magestad gran suma
de dinero y a este contad*o*r se le pida este voto
juntamente con molletones y esto sea como
arriba digo delante vuestra magestad y
de dos letrados *christia*nisimos para que yo
pueda ablarles se me dara hespeçial liçen*çi*a
porque no hes menst*e*r ablar por los rrin-
cones (*y*) /

Y esta honrra de coronista del rreino del
peru y de su descrubimiento y de poblaçion
de los yndios y señores no se me quite esta
gloria y se me de hespeçial liçençia para la
enpremir y socorro para mis gastos de la
m*erç*ed que vuestra magestad me probeyo
pues el conde me lo quito por darlo a puertos
ynjustamente y pido m*erç*ed y just*içia* //[16]

Porque si su majestad esta bellaqueria consiente y no se cas-
tiga quien abra que ose abisar a vuesa magestad ni serbir
por ninguna bia y en todo pido justiçia –

Al*onso* borregan

[16] A pie de página siguen unas líneas autógrafas y una firma que finalizan esta última petición antes del inicio del relato historiográfico.

[fol. 15v]

– Pues abido y rrepartido el thesoro que
en cajamarca auido entre toda s[u] jente y
caballeros en la toma y muerte de ataba(*ualba*>)lipa
fueronse el camino rreal hazia jauja porque
diego de aguero que fue a uer la tierra escreuio
del tesoro que en jausa auia (*a*) visto en ladora-
torio de los yndios y llegado alli el gouernador hizo
sus partes de todo lo que allo e tomo y quiso
fundar alli vn pueblo y pasose adelante al cusco
y alli allo mas thesoros y lo rrepartio y los se*ñ*o-
res le dieron y acordo que fuese her*nan*do de piçarro
a hespaña y llebo consigo muchos conquistad*o*res
y fue con el vn padre soça rrepartiose por
todas las yndias la gran rriquesa deste rreyno
del peru fue cosa enqueyble

– Don pedro de albarado vino con su harmada que
tenia hecha a la fama d*e*sta tierra e desenbarco
en puerto biejo adonde estaua pedro pacheco
y abia benido don diego dalmagro de panamana y
pasose tras el governador asta el cusco p*edr*o
pacheco auiso al gouernador y a don diego dalmagro como don pedro de albarado subia a quito
por las hespaldas de la tierra de los guancabelicas y como llego la nueba al cusco vajose almagro con benalcazer y que por la posta tomase
a quito y lo poblase ansi que don pedro saliese
pudolo hazer porque se tardo don pedro e*n* salir
mas de siete meses y como tubo notiçia que ya

[fol. 16r]

salia avisa por la posta a don diegro de almagro y bino por la posta hazia quito /

– Acaso ven//i//a vn hindio y senor q*ue* se llamaua
quiquis de los desbaratados que benian del cusco
con el guascar fuele almagro dandole alcançer
y dizen sus mesmos yndios le mataron llego al
rrio banba don diegro dal[ma]gro ya don pedro y su
jente estaua en la prouinçia de loysa puruaes
diose tal maña almagro que le susaco[17] toda la jente
y venieron al conçierto y diole çient mill
pesos por los gastos de la armada y de a-
quella jente poblaron en quito con benacazer dellos
y la mas y los caballeros llebo almagro consigo
a san miguel y lo p(*l*)oblo y despoblo a tangalaran
y se paso a truxillo y l*o* poblo y dexo alli a
martin astete por corregidor e de alli se bino a
esta çiudad de los rreis[18] porque ya el gouernador
piçarro auia enbiado a niculas de rribera
el biejo a uer a pachecama creiendo de poblar
alli y los naturales le llebaron al balle de lima
y le mostraron el puerto del callao y de alli se subio
al tanbo rreal de yngia y f[u]ndo la çiudad de los
rreies /

– Avianse quedado en el cusco a lo poblar her*nan*do
ponçe de leon y hernando de soto y otros muchos
caualleros y vezinos /

– Cunplieron con don pedro de albarado los çient mill

[17] En la edición de Loredo <sonsaco>.

[18] La última letra de esta palabra puede representar tanto una <s> como una <e>.

[fol. 16v]

pesos d*e*l conçierto que almagro con el hizo y
enbiaronlo a gotimala su gouernaçion[19] llebolo ju*an*
f*e*rnandez piloto y otros marineros subiose
don diego dalmagro al cusco y llebo consigo a
diego dalbarado e gomez albarado hermanos del
adelantad*o* en el cusco estauan juan piçarro
y gonçalo piçarro su hermano hermanos del gouernador piçarro y bastardos como el y entranbos
de vna madre dizen sobre el llebar de la gente
que no se la dexauan hazer se trauar*o*n a palauras
subio el gouernador alla y los caualleros que alli i estaban abianlos puesto en paz y como el gouernador llego tornaron a conformarse almagro y
el gouernador y partieron de nuebo la ostia
y tornaron hazer la mesma conpañia de antes conforme a la capitulaçion que con su magestad a-
bia hecho (*auia e*) /

Abia enbiado almagro a hespaña vna hespinosa le truxiese la gouernaçion despue[s]
de auer dado el t*e*rmino que con su magestad
abia capitulado el gouernador piçarro y como her*nan*do
de piçarro vbiese hido a hespaña pediese a su
mag*estad* de gloriosa memoria le añadiese otras çient
leguas adelante de gouernaçion su magestad no
quiso mas premitio que aquellas treçientas
leguas se entendiesen por la altura y merediano
y no por la tierra —

– Dio su magestad almagro[20] de alli en adelante

[19] En la edición de Loredo se transcribe como <su provincia>.
[20] En la edición de Loredo <a Almagro>.

[fol. 17r]

su gouernaçion — pues como vbiese hido a
hespaña rrico vn clerigo soza y entendiese
que su magestad daua liçençia a hernando de
picarro que bolbiese al rreino de peru abiso
sv magestad no lo dexase bolber al peru porque hera honbre de malas entrañas y pod(*e*>)ria benir mucho dano a estos rreinos por su causa pues
como el marques se uajase del cusco a la çiudad
de los rreies y allase mucha jente y caualleros
a todos los que heran de su tierra rremediaba
como a garçilaso de la uega dio la entrada de la
baya de jabateus y a çahera a la culata y
a françisco de chaues enbio a san miguel
que hiziese jente (*y alonso*) y se metiese en
los bracamoro[s] y alonso dalbara*do* enbio
a rrio chachapoias y toda la demas que quedo
d[io l]içençia[21] que se fuesen al cusco para
hir con almagro a chile y de esta man[e]ra sus-
tentaua la tierra muy quietamente /

Pues como hernando de piçarro beniese
de ca[s]tilla truxo consigo a muchos de su
tierra a vn gomez de tedoyo y lorenço
daldana /

– Almagro saliose del cusco con toda su jente
y el inca quisose hir con el y dexo dos de a
caballo que lo llebasen y sacaronlo vna noche
y llebaronlo asta la angostura de moyria como
juan piçarro lo supo salio tras del con diez de a
caballo y tornolo al cusco y como almagro

[21] En este lugar el papel está muy dañado.

[fol. 17v]

lo supo hizo dethener la jente del ynbiole hazer vn rrequierimiento a hernando de soto que hera corregidor y que se queria hir a hespaña y dexar la bara a hernando de poza su conpañero y como ju*an* piçarro lo supo despacho por la posta al governador su hermano le enbiase el cargo de corregidor porque no lo llebasen enlinga almagro al chile porque entendio auerle prometido enlinga almagro mas cantidad de oro que lo que atabalipa auia dado en cajamaica i todo e*n* taxuelos de oro y de enpuria enbidia d*e*spacho a verdugo vezino de truxillo con el mandamiento d*e* corregidor al juan piçarro como almagro lo supo que verdugo auia benido con aquella mensaje al cusco escriuiole vna carta con vn comendador de la horden de san juan y otro su conpañero que sa llama sant*i*ajo y mandale los (*pal*) muelan a palos dezian la carta [que][22] yo hos di de comer y no el gouernador piçarro por que sois agora contra mi /

Y ansi se fue almagro a chile y quedo a juan de rrada su mayordomo que le encaminase toda la jente que pudiese y si beniese hespinosa con rrecaudo d[*e*s]paña se lo encaminase /[23]

– Partiose hernando de soto para hespaña y llebo consigo muchos conquistadores /

– Venido hernando de piçarro subiose al cusco llebo consigo a gomez de tordoa y a otros muchos

[22] El papel está muy dañado en este punto.

[23] Anotación posiblemente posterior poco legible, la transcripción más probable es <es-pana>.

[fol. 18r]

y allo al inga preso y por hazerse amigo con el lo solto
pero todauia le puso guarda y dio la uara de corregidor
a gomez de tordoya / —[24]

– Y como viese el gouernador piçarro que su magestad
no le daua mas gouernaçion de lo capittulado y que se
entendiese por la altura las leguas y que hespinosa traya la gouernaçion de alli en adelante

– Y como almagro fuese hido a chile por consejo
de honbres maliçiosos a perançules enbio a
hespaña a pedir a su magestad vna proui*si*on
que se entendiese /

– Que tenia notiçia como don p*edr*o de mendoza e*n*-
traua por el rrio de la plata y la gouernaçion de
chile y el peru confinaban juntos que su i
magestad prouiese a qualquier dellos no se
entrometiesen en lo que qualquier dellos
tubiese poblado y paz*i*ficado so pena de çient
[mil]l pesos para la camara de su magestad /

– Pues como almagro llego a chile enbio a sauer
de toda la tierra sus capitanes y el quedose e*n* los
pueblos de paz /

– Her*nan*do de piçarro estubiese en el cusco pedia
a mango inga oro y plata que dizen los que alli
se allaron le dio muchos dineros y pediendole el
thesoro de su padre guainacaba dixole que el no
sauia del porque hera mochacho que si su hermano
el guascar fuera bibo el tubiera cuenta con el
dixole hernando de piçarro que auia d*ic*ho antes
q[u]e moriese que si le daban el senorio y la borla
de la tierra quel daria mas que su hermano atabalipa auia dado como no le quebrasen bagisas de oro

[24] Después de la barra se encuentra un signo que parece una <C> mayúscula. Lo interpretamos como signo de final de párrafo porque aparece de la misma forma en el folio 19v.

[fol. 18v]

y plata el inga le rrespondio que en aquel tienpo hera mochacho y no tenia cuenta con ello que sus tiios ylaomaquiso ivpanque s*e*ñores lo auian hescondido y que ya heran muertos y sobre esto lo maltrataron çiertos familiares suyos y amigos de lo qual se rresçebio el senor y det*e*rmino de se rrebelar y alçar con la tierra y porque su heselençia sea ynformado juan julio de ojeda y altamirano y panolfo vezinos del cusco de que su helençia se puede ynformar (*visto*) /

– Visto el pobre senor el poco rremedio que tenia y no tener a quien se quejar visto ser rrobada su casa y forçada su//s// mugeres se fuio al balle de tanpo apellido todo el rreino y puso çerco sobre el cusco /

– Visto por her*nan*do de piçarro que estaba ya çercado el cusco y alborotada toda la tierra da abiso al gouernador su hermano porque se allo con poca jente el gouernador despachale a morgobiejo capitan con jente y luego tras del a gonçalo de tapia con mas jente y con ellos enbio a diego de aguero vezino y a otros soldados y llegados a la probinçia de jausa como estauan los yndios ya rrebelados y los tomase debididos los mataron en jausa y picoy y angarais mataron con aquella jente a vn juan despinosa hijo del liçen*çia*do hespinosa huyose (*he*) diego de aguero con otros soldados por el balle de lugani su rrepar[tim]i*ent*o.

[fol. 19r]

Pues como el ingo tubo çercado el cusco despacho jente a çercar esta çiudad de los rreis y pusieronla en tal estremo questubo en t*e*rmi*n*os para se perder syno fuera por p*edr*o de lerma que auia benido poco auia con mucha jente y como muy honrrado capitan y diestro de la guerra de los yndios los lansaban del çerco y los hechaban de alderredor de la çiudad tubieron vna ardil de guerra que sacaron el agua del rrio y la hecharon por vna cequia grande por toda la çiudad y como la ciudad se sirbe p[or] caños de agua p*ar*a seruiçio de las casas y huertas y heredades rrepartieronlo por todas estas partes y anegabase la çiudad probeio pedro de lerma como capitan y enbio gente al rrio arriba y el sale por otra parte a vn çerro questa sobre la çiudad a do agora esta la calera y dan los yndios con çiertos soldados y desbaratalos y dan a fuir por la çierra arriba y adelantose vn sobrino de vn juan de panes vezino de panaman que hiba en vn buen caballo y los hindios le ayllaron el cauallo y le ataron las manos y los pies y le tomaron de la silla y se lo llebaron socorrio pedro de lerma el capitan con jente para lo defend*e*r y con el vn diego de aguero como los yndios fuesen muchos tiraban tantas de piedras con las hondas y con las manos desde ell *a*rriba de lo alto que dieron a pedro de lerma capitan vna pedrada en los dientes que le quebraron los dientes y la boca ahillaron a diego de aguero

[fol. 19v]

y a su caballo bieronse en tanto aprieto en
aquel dia que rresçebieron muy gran t*r*auaxo
quitaron a diego de aguero y a su caballo
los yndios no pudieron quitallo aquel mançebo
sobrino de juan de panes que a el e a su
caballo delante de todos lo hizieron pedaços
rretruxo pedro de lerma a la çiudad y ponese
sus guardas y sentinelas arredor de la çiudad /

– Como biese el governador en tal estado la
tierra de se perder enbia a francisco martin
su hermano a truxilo e san miguel a dar
mandado a los vezinos y alonso dalbarado que
andaba conquistando el chachapoes y abiso //que se biniesen//
a los vezinos de truxillo despoblasen el pueblo
y se fuesen a lima porquestaba en t*er*minos
de se perder la tierra enbio deste sanmiguel
al capitan çahera a la cula[d]a que con toda su
jente se saliese y despacho a la baya de sama-
teus a garçilaso que se beniese con toda su jente
despacho a juan de berrio que fuese a panaman
y hiziese jentes y con brebedad se beniese / —[25]

Escreuio a nica(*l*>)[r]agua le encaminase quanta
jente pudiese questaba la tierra en t*er*minos
de se perder y el con la jente que pudo auer en
samiguel y truxillo se bino a la çiudad de los
rreyes —

– En truxillo estaba garçiolin por corregidor y
bisto lo mandado del gouernador vbieron consejo
y acordami*en*to con paresçer de todos los vezinos
no se despoblase el pueblo sino enbiar las

[25] Cf. la nota 24.

[fol. 20r]

mugeres fuera de la tierra y asi las enbiamos a (-) pala-
man y dellas se quedaron en paita porque a
la sazon estaban dos nabios vno del marques del
balle y otro de don pedro de albarado quedose
la mug*e*r dalcantar y la de juan de osorno y la portuguesa y mi mug*e*r y las demas mugeres pasaronse
a tierra f*i*rme a panaman /

– Auia dado el gouernador piçarro a pedro de lerma
la capitania general de la tierra viendo ser honbre
y muy honrrado capitan para gouernar la gente
y auia puesto su bida en defend*e*r la çiudad el y
sus amigos salio alonso dalbarado de su entrada
de le chuchapes y binose a truxillo y de truxillo
fuese a lima y binose a lima como llegasen con su
jente acordo que fuese al cusco a socorrerle
con toda la jente que le pudo dar porque tubo
notiçia que benia çahera y garçilaso y pedro
de los rrios y lope de ayala y el liçençiado hespinosa con mucha jente y mandole se detubiese
en jausa que le encaminaria toda la jente que
beniese y castigase entre tanto aquellos yndios
que auian muerto a morgouiejo y su jente y
a gonçalo de tapia y la suya /

– Quito el cargo a pedro de lerma de capitan general y diolo a alonso dalbarado hizole el mayor a-
grauio que en las yndias se a hecho a honbre porque
abiendo seruido y sustentado aquella çiudad
y trauajado tanto y puesto su bida por la susten-
taçion della antes le auia de añadir en merçedes
que no quitarselas porque no solamente agrauio a-

[fol. 20v]

quel capitan sino a sus soldados y amigos hiçole que fuese con el capitan alonso de aluarado y con el toda su gente que fue otro mayor /

– Pues los que se allaron en el cuzco çercados defendieronse valerosamente y sobre la defensa mataron a un juan piça-rro los yndios

– Los vezinos de trujillo como uenia aquella gente y capi-tanes mandaronme a mi alonso borregan que fuese al valle de tucome a proueer a todas aquellas gentes que benian con el lic*encia*do espinosa y con çahera y con garçilaso y otros capitanes y los prouei de todo lo nesçessario con vnos señores de aquel valle de tucome rrepartimiento de (-) juan rroldan y juan de osorno mi suegro y mios

– Pues como llegasen juan despinosa con las prouisiones de gouernador para el adelantado almagro tomolas juan de herra-ga su mayordomo y lleuoselas a chile y visto que su mag*estad* le daua la gouernaçion adelante de la de piçarro gouernado tomo consejo con sus capitanes y estubieron en diferençia por esta causa

– Que como llegasen la nueba a chile de la rreuilion de manguinga en el peru y mostrasen los yndios vna caueça de vn hombre muerto con canas paresçia al gouernador piçarro vn feli-pillo lengua yndio propuso de se lebantar con la tierra y matar almagro y a toda su gente como se e*n*tendiese la bellaqueria hiçieron justiçia del y de otros bellacos como el

– Y acordaron sus capitanes del adelantado almagro que se voluiesen con toda su gente pues tenian notiçia ser muer-to el gouernador piçarro y tomada toda la tierra de los naturales y tomado lengua de los yndios para voluerse por los llanos por no uoluer por los puertos de niebe y sierras por donde auia ydo tuuo mui grande ardi a la buelta que sauido auer poca agua por los caminos enuio yndios con españoles que abriesen los poços

[fol. 21r]

del agua y encamina su gente de doze en doçe con su seruiçio porque fuesen proueidos de agua porque el quiso quedarse en chile con alguna gente y enuiar a juan[26] de herrada su mayordomo y a diego de aluarado con sus poderes a partir la gouernaçion con su conpanero y gouernador piçarro conforme a la capitulaçion que con su mag*estad* auia hecho el gouernador piçarro de las treçientas leguas por el altura y meridiano /

– Quejauase la gente por las devdas que le debian que no tendrian con que le pagar yeguas caballos armas que les auia dado visto por el adelantado lo que deçian quema todas las obligaçiones y escricpturas que contra ellos tenian ansi les gano la voluntad que dudo auer señor en el mundo que tal liueralidad aya hecho /

– Asi encaminada su gente de doze en doçe como digo vinieron proueidos de todo lo nesçessario y el quedose a la postre con algunos capitanes luego se supo de su benida y como lo supiese el ynga questaua sobre el cuzco y lo tenia zercado alço el çerco y fuese al ualle de tanpo a uerse con el adelantado y enuiole sus mensajeros hazerle sauer el agrauio que le auian hecho y sin justiçia y mal tratamiento y estubole esperando el adelantado en el valle de vrcos —

– Y como lo supo hernando piçarro enuiole vn espanol con vna carta que si le salia a ver que lo lleuaria a españa y como se temiese el ynga ni le oso salir a ver pero e*n*biose a quexar de hernando piçarro y sus hermanos de los rrouos y malos tratamientos que le auian hecho

– Vinose almagro al cuzco quiso e*n*trar en el y auisaronle que hernando piçarro estaua mui ayrado contra el que se rrecatase no le hiçiese alguna bellaqueria contra el

[26] En la edición de Loredo <pedro>.

[fol. 21 v]

e*n*bio sus prouisiones al cauildo del cuzco y a rrequerirles o-
bedezcan aquella prouission rreal de su mag*estad* de como le da la
gouernaçion despues de las treçientas leguas del gouernador
su hermano y conpanero no le rrespondieron ninguna cosa
sino hernando piçarro le enuio a dezir se entrase en el cuzco
y apossentasse en la mitad del vista esta rrespuesta prego-
nose por gouernador y entrose en el cuzco y allo a hernando
piçarro puesto en armas (-) /

– Y como lo supo mandole çercar la casa que hera vn galpon de
yndios y manda que le prenda no falto algun vellaco de la
gente del adelantado por do se quemo el galpon y le prendieron
mando haçer ynformaçion contra el por los malos tratamientos del ynga y rrouos que auian hecho allo tantas cosas contra el que se espantauan y hernando piçarro algunas
joyas conoçidas de oro y plata y las rropas del ynga m*an*do
dar a diego maldonado alcalde que las tuuiese en deposito
para dar su rresidençia en su tiempo /

– En este tienpo allego alonso d(*el*>)aluarado con toda su gente y supo de la prision de hernando piçarro y de gomez de
tordoya su corregidor /

– Y como supo el adelantado de la uenida de alonso de aluarado e*n*biole vnas cartas y a rrogarle se fuese al cuzco
con su gente porque juntos se uernian a la çiudad de los
rreyes a ver con el gouernador y nunca lo quiso haçer
sino mando guardar la puente de amancay y pussose
en arma /

– Sauido por el adelantado almagro enuio a su capitan
general diego de hordonez le ganase la voluntad y que
le daria vn mui honrrado rrepartimiento do tuuiese
de comer y si quisiese yr alguna e*n*trada le fauoreçeria
con dineros para el y para su gente rruibarua

[fol. 22r]

se allo alli en aquel tienpo de quien se puede sauer ques vezino de la çiudad de los rreyes /

– Pues visto por hordonez que no queria yrse al cuzco rrequirioles que se boluiese a la ciudad de los rreyes con su gente a su gobernador tanpoco lo quiso haçer ni dexarle pasar la puente sino defenderla y puso a vn juan perez de gueuara que guardase la puente con gente ques hagora v*ezin*o [-][27] en los chachapoyas en el peru /

– Y como uido esto ordonez hecho a nado co sus quarenta onbres y prendio aluarado y enuiole a el adelantado al cuzco /

– Fuese pedro de lerma y todos sus amigos con el adelantado binose el adelantado luego con hernando piçarro y gonçalo piçarro su hermano haçia la çivdad de los rreyes dexo por corregidor en el cuzco al grauiel de rroxas y dexo con el alonso de aluarado y a gomez de tordoya y rrogole les hiçiese amigos con el /

– Don franç*is*co piçarro en la çiudad de los rreyes como llegase el liçençiado espinosa y fuenmayor y zaera y garçilaso de la uega y frañçisco de chaues y pedro de los rrios capitanes con mucha gente encaminolos que se fuensen haçia la nasca por los llanos y el quedose en lima y enuio con alguna gente a montenegro vezino que fue a los atadillos y guanico y diese guerra a vn hillatopa ynga que andaua por ay perturbando el seruiçio de los yndios y el gouernador fuese tras el licençiado espinosa y los mas capitanes y alcançolos en el valle de hinche[28] fueronse todos haçia la nasca / —

– Y alli supieron del adelantado almagro como estaua en los lucanas con toda su gente y traia presso a hernando piçarro y a gonçalo su hermano

[27] Podría ser una <d> corregida.

[28] Es posible que el escribano abrevie con la <h> las letras iniciales <ch> de <chincha>. En otros pasajes, sin embargo, se pueden diferenciar perfectamente estas dos primeras letras.

[fol. 22v]

enuio el gouernador picarro al licençiado espinosa que se fuese a uer con almagro el y fuenmayor e hiesen e*n*trellos paz / almagron segun dize le rrespondio quel se ueria con el gouernador y presentarse yan las prouisiones y se ueria la suya y la del gouernador piçarro y lo que su mag*estad* mandase que se cumpleria el licençiado espinosa quiso conçertarlo por otra via y desto dizen se enoxo almagro voluiose el liçençiado espinosa al gouernador piçarro y dixole que almagro queria que se cumpliese lo que su mag*estad* mandava y que tomase sus treçientas leguas y que de alli adelante el gouernaria dixeron que muchos se estoruaban questo no ubiese efecto conoçiendo el licençiado espinosa sus coraçones dixo pues el rrey os enuia paz y vosotros quereis guerra e*n*tranvos vos perdereys y el rrey mandara la tierra voluiose el governado piçarro a la çiudad de los rreyes con toda aquella gente y capitanes / y hiço llamamiento a trujillo samiguel i a quito y a puerto viejo biniesen algunos v*ezin*os a verse con el los que heran sus amigos /

– Dizen que enfermo de henoxo el licençiado espinossa y murio de la enfermedad /

– Benimos de truxillo a vernos con el gouernador picarro de los vezinos francisco de fuentes rrodrigo loçano y alonso vorregan el milchior verdugo fran*cis*co luis de alcantara /

– Por consejo de no se que personas v aquellos capitanes estremeños auia echo el gouernador don francisco piçarro capitanes de gente de a pie y de a cauallo arcabuçeros y vallesteros y piqueros y capitan de artilleria porque auia benido vn juan perez de bergara ni vizcaino ni flamenco de aquellas dos generaçiones y traxo arcabuçes y poluora y algunos tiros de campo davale el gouernador diez mill pessos por todo y no lo quiso sino la capitania de arcabuceros conçedilo el gouernador

[fol. 23r]

tomo el gouernador gente de a cauallo para si e hico su alferes a orillana el tuerto /

– Y dio a diego de aguero otra capitania de a cauallo y puso por su alferez a vn origuela dio a françisco de chaues otra conpania de a caualo y puso por su alferez a gerronimo de liega[29]

– E hiço capitan de ynfanteria de piqueros a diego de horuina y al capitan castro de arcabuçeros y aquel bergara que arriua digo dio tanbien arcabuçeros y piqueros /

– Y a vn juan perez hiço capitan de vallesteros y a mesa mulato dio el artilleria /

– Y llegado almagro el adelantado al ualle de chincha con su gente enuio a rrequerir al gouernador entendiesen en partir las gouernaçiones y se pusiesen pilotos por el altura determinasen hasta do llegaua la gouernaçion de picarro y tanbien a cabildo se lo enuio a rrequerir /

– Don françisco piçarro quando almagro se auia ydo a chile maliçiosamente como auia visto que su mag*estad* no le daua mas gouernaçion de aquellas treçientas leguas por el altura e*n*bio a vn peranzules aca a españa a pedir a su mag*estad* que tenia notiçia que don pedro de mendoça entraua por el rrio de la plata y almagro estaua en chile y la gouernaçion del peru y el rrio de la plata confinaua juntos que mandase su mag*estad* a qualquier dellos no se entremetiesen ni tomasen de lo que en la tierra aquellos gouernadores y cada vno por si tubiese poblado y conquistado so pena de çien mill castellanos para la camara y fisco de su mag*estad* /

– Y como los vezinos que de truxillo salimos llegasemos a la çiudad de los rreyes y biesemos tanta gente junta puesta en arma la tierra acordamos de meter paz y vna noche fuimos hablar a piçarro el gouernador rrogandole mirase que tenia partida la ostia con almagro y que toda la tierra

[29] En la edición de Loredo <liaga>.

[fol. 23v]

hera de por medio y pues su mag*estad* daua almagro tanbien gouernaçion que se concertasen y tomasen cada vno lo suyo que aquella gente que alli estaua los enuiase a descubrir pues auia notiçia de buena tierra rrica alrrededor //del peru// y que si algunos caualleros quedasen se entremetiesen entre los veçinos que auia(*n)* y esperasen vacaçion asi de los de almagro como de sus amigos /

– Y como de la gente que con aluarado e*n* auancay auia estado y de los vezinos del cuzco se biniesen cada dia a la çivdad de los rreyes como uiniesen algunos lastimados con palabras que auian auido con la gente de almagro estos estoruaron no obiese paz entre los dos gouernadores y como alonso de aluarado y gomez de tordoya se uinieron estos endinaron a todos sus amigos que destruyesen aquel gouernador pues auia tanta gente y buena y tan buenas armas

– Pues visto por almagro no querer e*n*tender picarro e*n* partir la gouernaçion enuio a pedir nauio p*ar*a ynformar a su mag*estad* del suçeso de chile y el oro que de alla auia traido y lo que allo con el tesorero rriquelme en el cuzco y lo tenia alli en chincha no le quieren dar este nauio procura almagro de haçer vna balsa de henea y echala a la mar con algunos marineros y con vn luis garçia samames que baya a buscar navio y se lo encamine a chincha salido luis garçia del puerto avisaron a don françisco piçarro gouernador por parte de hernando picarro y despacho vn nauio y enuio en el a françisco martin su hermano y a rrodrigo loçano mi veçino en truxillo con mucha gente y que corriesen toda la mar y la tomasen y la deshiçiesen y truxesen preso a luis garçia y a los marineros porque supo que yban muchas ynformaçiones contra hernando piçarro para darlas a su mag*estad* tomaronla y las ynformaçiones truxeronlas a la çiudad de los rreyes y como las uiese el gouernador piça-

[fol. 24r]

rro y le auisasen que si aquello su mag*estad* sauia que auia de castigar a todos los que se auia allado en lo malos tratamientos de aquel senor manvynga rrouos de sus casa plata y oro y fuercas de sus mugeres hechas y muertes de honbres y capitanes que los naturales mataron en xavja y picoy y angaraes con el capitan morgodexo y gonçalo de tapia /

– Pues visto el gouernador picarro la mucha gente que tenia destre(*i*)madura acuerdan que no cure de dar audençia a lo que almagro pide sino destruirle y matarle porque si aquellas ynformaçiones van a poder de su mag*estad* no podia dexar de castigar a gonçalo piçarro y a el y a todos los que vbiesen delinquido en aquel caso /

– Puess ençitado el gouernador don françisco piçarro de aquellos que no tenian yndios hazenle que salga de la çiudad de los rreyes con sus banderas tendidas tocando atanvores y pi(*z*>)faros aluorotando la tierra /

– Saliose este gouernado picarro con toda aquella gente de la çi[u]dad de los rreyes y fuese al ualle de pachacama y otro dia a vna fuente que llaman los yndios xabuey y otro dia a chirca a do tenia puesta gente despias para sauer de las cosas de almagro y supo dellos estarse quedo en el valle de chincha almagro (*y*)

– Y alli aconsexamos todos los veçinos de la tierra que alli estauamos con el se uiese con almagro y se conçertasen de tal manera que tubiesemos paz (*b*)

– Bino almagro a berse con el gouernador piçarro al balle de mala y traxo a diego de aluarado y a otros caualleros consigo / [30]

– Fue el gouernador picarro a berse con el lleuo consigo a vn rr*odrig*o de chaues y otro rrodrigo de chaues su primo y a vn godoy

[30] Una barra oblicua atípica que parece dearrollar una <f>, posiblemente anticipando la palabra que sigue en la línea de abajo.

[fol. 24v]

y a otros caualleros / y de endustria o quel mesmo gouernador lo mandase o que sus capitanes lo hiçiesen sin su sauer enviaron treinta o quarenta soldados arcabuçeros que estubiesen en celada y estando los dos gouernadores juntos saliesen de presto y prendiesen almagro /abisaron almagro de los questauan con piçarro que lo querian prender y dizen que fue godoy y amosaronle la gente questaua escondida para haçerlo y caualgo en su cavallo que se llamaua motilla que andaua treinta leguas en vn dia y boluiose al ualle de chincha el y sus amigos bien escandalicado de la traiçion no se hiço nada /

– Fuimos al ualle de mala toda la gente con el gouernador picarro y otro dia al tendillo de navarro y alli descansamos dos dias y nos fuimos de alli haçia el valle de guherio y valle de lunagu//a//na /

– En el camino del costa en vn arenal aconteçio (*el*) //vn// desastre y muerte de vn desdichado hombre que se llamaua montenegro que sobre vna galga trauo palabras con v*n* nuno de chaues porque el vno deçia que hera suya y el otro la defendia tanbien por suya y auiendo malas palabras oyolo rrodrigo de chaues su primo del nuño de chaues y arremetio con su cavallo haçialla y hecho mano a la espada y dale por detras vna cuchillada al montenegro que dio con el muerto en el suelo y le corto la cabeça endinose todo el rreal contra el ellos desterrolos el gouernador que se fuesen del rreyal a la çiudad de los rreyes

– No faltaron muchos sus devdos de aquellos chaues estremeños que dixeron que no se voluiesen que bastaban ellos para todo el rreal y para toda la tierra /

– Auia quitado el cargo de corregidor de la ciudad de los rreyes a diego de godoy y dadole al licençiado carauajal hermano

[fol. 25r]

de hillan juarez de carauajal fator de v*ues*tra mag*estad* que yba alli tanbien endinose tanto toda la gente del rreal e hiuan todos habando de la muerte de aquel honbre fuimos a dormir entre vnos çerros de arena a bista del guarco y por meter coraxe a la gente que yuan tristes por lo acaheçido dieron arma que benia almagro sobre nosotros de endustria

– Y de alli nos fuimos al ualle y nos pasamos de largo y passamos el rrio de lunaguana y a la voca del harenal açia chincha asentamos rreal en vnas fuentes e alli estaua /

– Y acordaron y aconsexaron al gouernador piçarro que se conçertase con almagro y se tubiese manera como se soltase ha herna*n*do piçarro /

– E*n*trebino en el conçierto fuenmayor y el liçençiado de la gama y vn padre vouadilla prouinçial de la merçed fue el conçierto que se soltase a hernando piçarro y se fuese a españa y lleuase poderes de entranvos a dos gouernadores y el oro y plata questaua en chincha el tesorero rriquelme que se auia traydo de chile y allaron en el cuzco y que se diese almagro nauio para que enviasen a españa sus rrecavdos y que se pusiese en el cuzco vn corregidor por su mag*estad* que no acudiese algun gouernador de los dos sino que rresidiese en aquella judicatud hasta que su mag*estad* pro(-)beyese de vna persona cavallero les partiese las gouernaçiones y almagro se fuese a las charcas y piçarro se boluiese a la çiudad de los rreyes /

– Checharon sobre si pena de çien mill pesos para la camara de su mag*estad* si este conçierto se rronpiese al que no le sustentase y quebrantase / quedaron por fiadores los capitanes de piçarro por pizarro y los de almagro por al-

[fol. 25v]

magro si no se sustentase lo conçertado /

– Tubose notiçia que benia peranzules y traia la prouision quel gouernador piçarro auia enuiado a pedir a su mag*estad* qu*e* se contenia en ella y punia pena su mag*estad* de zien mill pesos a los gouernadores piçarro y almagro y don pedro de mendoça que ninguno se entremetiesen en la tierra que qualesquier dellos tubiese poblado y paçificado hasta que su mag*estad* fuese ynformado y proueyese justiçia /

– No se cumplio ni guardo ninguna cosa ni se obedesçio aquella prouision ni el conçierto se sustento no por falta de almagro que envio a llamar a peranzules que le daria diez mill pesos para sus gastos y que le truxese la prouision para apregonarla ponerla y obedezerla

– Suelto hernando picarro y bisto tanta gente y toros de su patria los mas y tan buen aparejo acordose otra cosa e*n*biaron a fuenmayor a la çiudad de los rreyes y al padre vouadilla y dan a cada vno dellos mas de quinçe mill pesos porque no descubran nada de aquel conçierto todos los vezinos que alli estauamos de la çiudad de los rreyes y trujillo y samiguel y puerto biejo y quito nos peso de no sustentar el conçierto ni obedezer la prouision

– (-) Çesaria mag*estad* si alli vbiera cavalleros temerosos de dios y de sus concençias que nos fauoresçieran a los vezinos y metieran paz y tomaran a hernando picarro y le trujeran a la çiudad de los rreyes y al gouernador su hermano y les hiçieran que sustentaran el conçierto y ovedezieran v*uestr*a prouision y deshiçieran aquel rreal y ansimismo tomaran almagro y le trujeran juntamente preso y a su gente la enbiaran a do estava conzertado a los charcas se hiçiera mui gran seruiçio

[fol. 26r]

a dios y a v*uest*ra mag*estad* ni oviera auido muertes de honbres
y rrouos a pobres ni rrebiliones tiranos ni alborotos
ni destruiçion de aquel rreyno ni porque v*uest*ra mag*esta*d
le enganan sus menistros y no le tratan verdad en
poner otras cosas y dezirle mentiras desto y de todo
lo que yo dire por escrito yo dare bastante ynformaçion
que v*uest*ra mag*estad* (*le destierre*) castigue y enmiende todos
estos males passados y ponga rremedio en lo porvenir

– Y que no bengan a pedir de comer a v*uest*ra mag*esta*d pues
an desseruido y no seruido a dios ni a v*uest*ra mag*esta*d y porque
v*uest*ra mag*estad* bea que dios nuestro señor no consiente que a los
menistros que v*uest*ra mag*estad* al peru ynbia no quieren castigar ni enmendar todos estos males ni abisar a v*uest*ra
mag*estad* de la verdad sino deshazerme a mi y maltratarme y vltraxarme porque v*uest*ra mag*estad* no me de credito mire la muerte del marques de canete murio de
tosigo que le dieron y diego de bargas estremeño que
se mostro mui mortal enemigo //mio// murio de camaras
y se descubrio sus ladroninçios y el conde de nieba
arguyendome susçediades y maldades por consejo
de vn obispo murio abentestate y sin confision
mala muerte por lo qual a v*uest*ra mag*estad* encargo
su concençia y rrequiero de p*ar*tes de dios y por v*uest*ra
ynperial corona se aberigue toda la verdad sobre mis
negoçios y a los que contra mi an depuesto mande
su mag*estad* castigar (*z*>)seberamente por justiçia allando
aver jurado falsso contra mi o a mi si obiere delinquido o ofendido por el consiguiente porque
si esto su mag*estad* premite y su mag*estad* no haçe ab//e//riguar

[fol. 26v]

y saber y a mi se me de fauor que no me maten a los
que toca este negoçio y se me de socorro para mis gastos pues me quito el conde de nieba e munatones la
merçed que v*uest*ra mag*estad* me dava de lo questa sacrestado
de los ladroninçios de munato(*s*)nes /

– Benimos al ualle de hincha y almagro fuese de alli haçia
el valle de vymay a do tenia hecho vn pueblo y subiose a vn asiento y casa de ynga que se dize limaycasca

– Alli en chincha allamos al tesorero rr(*e*>)iquelme con el thesoro
de v*uest*ra mag*estad* arriua d*ic*ho y en terminos de lo(*s*) rrouarlos
soldados pidio el tesorero socorro al gouernador piçarro y
quien tomase aquel oro a cargo dio(*y*)le el gouernador
piçarro ha blas atençia y a françisco de fuentes
vezinos de truxillo que lo tomaron a cargo y enbiaua-
mos a diez vezinos de truxillo con vn scriuano cada
noche a lo guardar /

– Fue acordado por parte de todos los vezinos de abajo de la
çiudad de los rreyes y truxillo samiguel quito puerto
biejo hiçiesemos vn rrequirimiento a hernando piçarro
estubiese por el conçierto hecho y obedeçiese la prouision
rreal de su mag*estad* que pero anzules llebo protestandole
los males y daños y aluorotos de la tierra y protestandole los dozientos mill pesos arriua d*ic*hos mando el gouernador piçarro apartar todos los soldados que alli yban
que no viesen este rrequerimiento sino solamente nosotros los vezinos de la tierra arriua d*ic*hos / rrespondio
hernando piçarro diziendo bengueme yo y llebe-
me el diablo prometieron al licençiado de la gama
buenos yndios porque disimulase el conçierto /

[fol. 27r]

– Salimos de chincha y fuimos al valle de limaycasca que
se dize sangallay y tenia alli poblado almagro vn pueblo y puesto en el vna picota y estaua alli vn
pobre biejo que se deçia peña y otros dos biejos con el
y es verdad ecelente señor que vn machicao y otros
como el les dieron de palos y les hiçieron cortar la picota
porque yo me alle en todo esto y lo bi y le quite
a machicao el palo de la mano y le dixo que tubiese
rrespeto a las canas de aquellos viejos fuimonos al ta*n*bo pintado porquel adelantado don diego
de almagro se subio por el valle arriua azia guytara y alli asentamos rreal y tuuinos neçesidad
de comida y fue enuiado a vn felipe voscan al
valle de yca con gente que la trujese y fue con el
vn villacastin vezino del conozco y los de almagro que alla estauan buscando comida le dieron
a villacastin vn jarraço que lo dexaron por
muerto y boluio toda la gente huyendo /

– Fue juan perez capitan de vallesteros a correr el canpo y trujo a dos ydalgos presos el vno pariente
de alonso martin de don benito y el otro no me
acuerdo su nonbre /

– Pues viendo los vezinos de la tierra la dañada
yntinçion de hernando piçarro y que yba contra almagro dixeronle al marques que se querian boluer
de lo qual le peso mucho al piçarro y los detubo con
palabras

– Pues visto por hernado piçarro que todos los veçinos
de la çiudad de los rreyes para abajo yban de mala

[fol. 27v]

voluntad les mando que se voluiesen a sus casas porque los que del cuzco auian benido antes ynçitado
al hernando piçarro que rronpiese y lo destruyese antes
les pesaua de su buelta y no quisieran se les diera liçençia
al fin les dio liçençia y se boluieron a su//s// casas e*n*bio
por corregidor a la çiudad de los rreyes a francisco
de chaues aunque quando yo pedi licençia me peso mucho
y no quisiera que me voluiera y propuso de me quitar los
yndios que tenia /

– Enbio haçia guytara el valle arriba gente tras almagro alonso de aluarado y alla vbo el encuentro
con vn chaues chileño de los de almagro y como se fue(*d*>)se rretrayendo almagro haçiel cuzco por no yncurrir e*n* la
pena ni enojar a su mag*estad* se fue haçia el cuzco /

– Fuese hernando piçarro por los llanos y mudo e hiço
otros capitanes de nuebo vsando esta cautela porque no pudiese su mag*estad* pedirles la pena del conçierto y
la pena de la prouission ni todo lo demas que vbiesen
yncurrido en el alvoroto del rreyno / y danos y perdidas
que su mag*estad* obiese hecho en las pasiones de los gouernadores ni en todo lo demas que sucediese e*n* el rreyno del
peru /

– Benido yo alonso vorregan a mi casa a truxillo bino
cartas del obispo frai ficente de valverde despaña por
obispo del cuzco y del peru rrogaronme los vezinos
que lleuase aquellas cartas y quellos escriuirian
al gouernador en mi fauor y porque aquellas cartas
fuesen con breuedad y a rrecado las lleue en çinco dias
desde truxillo a lima y se las di al gouernador piçarro
y me ofreçi de las lleuar al cuzco y darlas a hernando

[fol. 28r]

piçarro por ebitar no beniese en rronpimiento con el adelantado almagro y se holgo mucho el gouernador que me voluiese a mi casa que llegado que fuese el obispo me voluiese con el y que juntamente con el me yria al cuzco y me prometia de me dar de comer y mejorar en los yndios que uien sauia que tenia pocos yndios y lexos del pueblo voluime con el obispo frai bicente de valuerde y llegamos a la çiudad de los rreyes por marco año de treinta y siete que se contaron mill y quini*ent*os del naçimiento de nuestro señor *chris*to salimos luego de li(*cuzco*)//ma// en el mes de março y fuimonos haçia el cuzco por xavja y tuuimos cartas de hernando piçarro como auia dado la vatalla almagro e*n* las salinas del cuzco y auian muerto al capitan diego de horgonez y herido al capitan pedro de lerma y preso al adelantado don diego de almagro y como en el cuzco auiendose benido el capitan pedro de lerma a se curar auia entrado en su posada vn samaniego que auia auido palabras con el capitan pedro de lerma quando benian con alonso de aluarado de la çiudad de los rreyes este samaniego y otros dos de los chachapoyas (*o*) que oy son uibos van a su posada y le acauaron de matar a estocadas estando hernando piçarro en el cuzco y todos sus capitanes /

– Envio a pedir hernando piçarro al gouernador su hermano mandamiento para matar almagro y que por su mandado auia hecho y dado la vatalla el gouernador se lo eñvio como el lo pidio al fin cortole la cabeça porque vido que mesa el mulato capitan del artilleria y juan perez capitan de vallesteros y otros muchos capitanes deçian aberse hecho mui mal con aquel gouernador y contra rraçon y justiçia se auia hecho contra el y porque los frailes

[fol. 28v]

de la merç*e*d hiçieron vna mina por devajo de tierra para lo sacar
de la carzel mato aquel capitan mulato del artilleria //*he*r*nan*do piçarro por lo
[q*ue* auia d*i*cho// pues visto
el aluoroto que en el cuzco auia sobre la muerte de almagro dixo
gonçalo piçarro su hermano de hernando piçarro y del gouernador si el rrey no diere por buena la muerte de almagro buenas
lanças tenemos y despues adelante halçose con el rreyno
y mato a v*uest*ro bisorrey basco nuñez bela y a su hermano bela
nunez saliose hernando piçarro del cuzco y fuese a las charcas y dio de comer alla a sus amigos y tomo la mina de porco
para si y los señores [c]hichas que dizen aver mas de quinçe
mill yndios y quedo mandado a su hermano el gouernador y diese ynformaçiones contra almagro y dixese ser
moro rretajado porque antes que le matase hiço mostrar sus
berguenças a los que juraron falso contra el (*des*)

– Envio sus capitanes y rrepartioles la tierra porque enbio
alonso de aluarado (*l*)a los chachapoyas su conquista y a horbina
a la culata y a pero ançules enuio a los moxos y con ellos
mucha gente de la de don diego de almagro y a bergara a los
gracamoros y a mercadillo a los chupachos y a todos los encargo los soldados que le auian seruido en aquella vatalla
//y aq*ue*l mercadillo le truxeron presos sus soldad*o*s porq*ue* los maltrataba//

– Biendo los soldados que auian seruido al adelantado almagro
corridos y perseguidos no sauiendo adonde se yr andauan es-
condiendose por la tierra como ganado sin pastor /

– Llegado el gouernador piçarro al cuzco y bisto quel ynga
se queria benir de paz enviole vn quartago morçillo en
que biniese con vna guarniçion de carmesi y el ynga quisiera cojer al gouernador piçarro y matarle y bengar la muerte de almagro que le enuio a rrogar que se uiniese a ver
con el /

– Y como diego de aluarado obiese bisto la crueldad que contra
almagro se auia hecho y contra toda su gente quiso haçer
ynformaçion contra hernando piçarro y (*por*) traer

[fol. 29r]

testimonio de todo y como no pudo allar *e*scriuano que lo osase hacer y te*sti*g*os* que osasen jurar contra los piçarros y tomada la gouernaçion de almagro y rrepartida en sus enemigos y que auia tomado la mina de porco y los yndios chichas para si bisto todos sus amigos corridos e perseguidos ni del conçierto ni de la provision no allaua t*esti*g*os* que osasen dezir ninguna cosa ni *e*scriuano que le diese testimonio y como hombre aborrido con solo el testamento del adelantado como dexaua v*uest*ra mag*estad* por hijo heredero vn millon de horo de partija y por ynteres de aquella moneda y agrauios al inga hechos auian muerto a su gouernador se bino a pedir justiçia a su mag*estad* y como su mag*esta*d lo rrimitiese a sus oydores y el no pudo alcançar justiçia hi hernando piçarro truxese tantas ynformaçiones y con los sobornos y dadiuas que les daua hernan*n*do piçarro y el gouernador su hermano enuiaba de alla y prometia de les ynuiar / y como diego de aluarado no podia haçer cosa ninguna pide al enperador que vayan haçer ynformaçiones al rreyno del peru que no faltarian buenos *c*hristianos que dijesen la verdad y su mag*estad* supiese la gran sinjustiçia que contra almagro se auia vsado y quel juez que fuese hechas las ynformaçiones las enbiase a su mag*estad* proueyose baca de castro para haçerlas y diosele vna prouision en blanco para que si allese muerto al gouernador piçarro gouernase la tierra y esta prouision ha destruido aquellos rreinos que si se le mandara espresamente hiçiese las ynformaçiones y las enuiase a su mag*estad* para ynformarle de la verdad y pusiese justiçia e*n* nonbre de su mag*esta*d no se diera la vatalla de chupas no se destruyera la tierra rremediarase mui gran dano que a benido aquelllos rreinos ansi çesaria mag*estad* no se premita que de aca del consejo se probea a jueçes semejantes prouimientos sino para el

[fol. 29v]

efeto que son pedidos porque fue ocasion de destruir aquel misero bando de almagro y fauoresçer a los mas culpados poblo el gouernador piçarro muchos de sus amigos e*n* el cuzco y los charcas que auia poblado hernando picarro ariquipa o a //gua//manga chachapoyas la culata y en quito y en trujillo entremetio algunos y en samiguel de sus amigos de los que auian sido con el en la vatalla como el gouernador piçarro biese que no auia quien le contradixese e*n* la tierra y biese las cartas de fauor de cobos y del doctor beltran y de los mas oydores del consejo de yndias que de aca despaña le enuia(*n*>)ban cada dia y a los criados que le enuian les diesen de comer y a ellos le enuiase dineros no dudaua de quitar yndios y no dar de comer a los que le obiesen seruido sino darlos aquellos que siguieron su opinion contra almagro /

– E*n*bio a chile vn baldiuia que hico mahese de campo en el valle de chincha quando mudo a todos los capitanes hernando piçarro y porque auia aorcado vn soldado porque se auia adelantado alli a valle de limaycasca que arriba digo porque astalli avia traydo el cargo de maese de campo *christ*oval de burgos vezino de la çiudad de los rreyes y lleuo consigo este ualdiuia (*para que*)//al//gvnos de aquellos que con almagro auian ydo primero y poblo en chile /

– Y como el gouernador piçarro auia enuiado al inga aquel quartago arriua d*ic*ho y el ynga lo auia enuiado a llamar fuimos alla con el a vn tan(*g*)bo questa en las espaldas de biticos arriua de tanbo entre vnas sierras y enbiamos mensajero al inga para que biniese a berse con el y el ynga hecho vna çelada que tomase vn passo para ma(*r*)tar al gobernado piçarro fue dios seruido que andauamos çiertos soldados en vn pueblo de yndios y bimos pasar vnos hindios por la sierra a tomar el passo benimos a fisar al gouernador y salimonos vyendo y aorco el ynga el quartago de vna peña

[fol. 30r]

y como lo supiese el gouernador piçarro enbio a su hermano gonçalo piçarro tras el ynga y prendile la muger que hera vna señora coya e hiçola aorcar y quemar dezia tantas lastimas aquella señora que a todos puso gran lastima

– Enuio el gouernador piçarro a su hermano gonçalo piçarro a la canela por gouernador y amotinose orellana que llebo consigo /

– Benido el gouernador piçarro a la çiudad de los rreyes bino vn doctor belazquez de castilla e hiçolo corregidor della /

Hazia tantos agrauios a todos asi a los que no le auia querido seguir como a los amigos de almagro que no se podian conportar y como se supiese que uenia baca de castro por juez que auia tomado rre-sidençia al doctor rrobles en banama despacho vn nauio a que lo sacasen del nauio en que benia y lo hechasen en la buenabentura que muriese mala muerte /

– Abaxose don diego de almagro el moço con todos sus amigos a esperar a baca de castro quando llegase a la çiudad de los rreyes y poso en vnas casas que le dexo vn conquistador que se llamaua domingo de la presa auiale quitado vna estançia el gouernador piçarro al don diego de donde le traian yerua y mayz para su casa y caba-llos quitosela el gouernador y diola a dos vezinos que se llamaua el vno palomino y el otro juan de barrios /

– Abajose juan balsa y don alonso de montemayor y otros amigos de don diego a truxillo a esperar a baca de castro y como no se su-piese del en mas de dos meses questubo esperando escriuio a juan de herrada y a don diego que no tenia notiçia de su benida y como biesen quel dia de corpus christe auian salido dos o tres vellacos delante de(-) la proçision hechos moarraches y cantando mueran mueran los enemigos del gouernador piçarro y biua el y sus amigos y salio picado //q*ue* enbarrancada es la baca// aquel dia [bestido con vnas rro-pas de seda y a la estradiota en vn cauallo alazan y con higas de oro en la gorra dieron credito que hera muerto baca de castro o enbarrancado como ellos dezian y como se dizia publicamente que los querian matar porque los

[fol. 30v]

muertos no hablan ni piden justiçia salio juan de herrada vn domingo con honçe honbres armado y mato al gouernado piçarro y a francisco de chaues su corregidor y a frangisco martin su hermano y a otros criados suyos no vbo quien los llebase a enterrar sino vn negro y vna negra y vna yndia y vn yndio sin clerigo ni frayle ni cruz ni quien rreçase aue maria por el

– (*el*) Pues muerto el gouernador piçarro tomaron los de chile todas las armas y cauallos de la çiudad a los vezinos rreçiuieron los de cauildo a don diego por gouernador como vieron no tener culpa de la muerte del gouernador piçarro por uirtud de la prouision que su padre le dexo de su mag*estad* que dexaua a su hijo por heredero della y a diego de aluarado por su tutor hasta que su mag*estad* otra cosa proueyese e allaron tantas cartas de fauor de los oydores de aca despana doctor beltran y de cobos de samano que les enbiase dineros y todas las tomaron y prendieron a picado su secretario para sauer del muchas cosas y lo tubieron presso pues como luego se sonase por toda la tierra la muerte de aquel gouernador porque como don diego fue rreçeuido enbio a los chachapoyas alonso de aluarado vn mensajero y al cuzco otro de como el no queria enojar a ningun vezino e*n* la tierra sino que todo estuuiese en paz /

– El gouernador piçarro antes que muriese auia proueydo de capitan a vn pero aluarez oliguin que auia sido amigo del adelantado almagro por capitan que se entrase a los moxos y los poblase con alguna gente enuiaron los vezinos del cuzco por el y que uiniese a boluer por ellos y fuese su capitan ofreçiendole dineros y armas y cauallos y todo lo que quisiese y que lebantase bandera y les fauorezca en nonbre de su mag*estad* e ajuntaron la gente que pudieron y abaxaronse haçia xavxa alonso de aluarado y sus chachapoyanos obiesen sido tan culpates en las pasiones pasadas y todos los demas capitanes que auian ydo a poblar por toda la tierra se pusieron en arma porque don diego de almagro el moço no los auia de tener por amigos determinaron todos de juntarse con alonso de aluarado y con el d*ic*ho pero aluarez

[fol. 31r]

olguin se benieron todos a guaraz ques en la prouinçia de guaylas juan de herrada auia enuiado a garçia de aluarado hermano de diego de aluarado a truxillo y samiguel tomase yeguas y cauallos y armas algunos amigos y les hiçiese obligaçiones por ellas y tomase quenta a los mayordomos del gouernador piçarro de la haçienda de entranvos a dos los gouernadores porque no se auia tomado quenta ni se auia partido la haçienda que de por medio tenian conforme a la carta de conpania que entre los gouernadores auia y en todo este tienpo no se auia sauido nuebas de baca de castro ni que fuese uiuo ni muerto y se bino a la çiudad de los rreyes garçia de aluarado y se subio al cuzco don diego porque no paresçiese aber muerto el al marques ni los criados de su padre por ynterese de la gouernaçion /

– Abian enuiado a vn zurbano aca a españa con las cartas que en casa de picado allaron que hera secretario del gouernador piçarro y vna de cobos que pedia treinta mill pesos para casar vna hija y a pedir la gouernaçion de su padre a su mag*estad* e ynformando a su mag*estad* los malos tratamientos que le haçian e a el y a los criados de su padre estaua mui malo juan de herrada de vn tosigo que le auian dado y aconsejole a don diego que no rronpiese con pero aluarez olguin ni lo viese sino que lo dexase pasar con dios murio juan de herrada en xavxa alzaronse los vezinos desta çiudad por el rrey porque se tubo notiçia que benia baca de castro por la uia de popayan y quito fueronle a rreçeuir los vezinos de truxillo y envio alonso de aluarado tanbien a rreçeuirle /

– Estaua vn (*o*>)lorenço de aldana alla en popayan que lo auia enuiado el gouernador piçarro quando las pasiones con almagro que fuese tras benalcazar que hera amigo de almagro que no voluiese contra el y este lorenço aldana ençito e baca de castro que auian muerto aquel gouernador aquellos traydores y que se querian alçar con la tierra.

[fol. 31v]

Abiase fuido de la çiudad de los rreyes el obispo frai bicente de
valuerde y el doctor velazques su cuñado y vn hordas y otros
y fueron a dar a la ysla de laguna y alli los mataron los yndios
y los comieron con axi /

– Pues como to(*s*>)dos los capitanes que auian seguido a piçarro
estubiensen juntos con pero aluarez olguin en guaraz y
baca de castro lo truje engañado en palabras hasta me-
terlo entrellos y biesen la prouision que traya que pudiese
gouernar si allese muerto a piçarro tomase la gouernaçion
rreziuieronle por gouernador y hazenle que tome la tierra
ybanse con el enzitandole y açiendole entender lo quellos quisieron porque uian claramente que si benia a efeto
de haçer ynformaçiones de las cosas de la tierra y las enbiase a su mag*estad* que los auia de hallar tan culpados que los auia de
hechar fuera del rreyno porquestaua fresco el negoçio y se
sabria todo como auia pasado y su mag*estad* les pediria la pena
de la prouision y el conçierto y como juan de herrada murio
y quedase el desd//y//chado de don diego y quedase sin vn talayo
que lo gouernase y rrigiese y los que quedaron no tubieron
tanta prudençia para se sauer rregir que garçia de aluarado
mato a sotelo en el cuzco y despues juan valsa le mato a el
y es verda dios que se quiso vyr el ynga (*quand*) el desdichado
de don diego biendo las cosas que sus capitanes haçian /

– Antes que muriese juan de herrada auia enuiado aquel
sotelo a las charcas y auia muerto alla a vn corregidor
que se llamaua diego de almendras y puso otro en nonbre de
don diego y binose al cuzco /

– Tanbien abian enuiado desde guamanga se fuese por ariquipa a garçia de aluarado y que se uolbiese la buelta del
cuzco a do llegaron estos dos a tienpo que se mataron entranvos como arriua digo tuuose notiçia que baca de castro
estaua en jauxa y que uenia con toda la gente que se
auia pregonado por gouernador enuio del cuzco don diego
al jurado gonçalo hernandez y al licençiado de la gama

[fol. 32r]

a que negoçiasen con baca de castro que no queria tener pasion
que se apartase de aquellas gentes y quel daria a los que auian
muerto a piçarro el gouernador y que ynformase a su mag*estad*
de la verdad visto por aluarado lo que enuiaba a pedir don
diego y los capitanes pusieronse en estoruarlo brabamente
y como fuese general pero aluarez olguin quiso que se con-
zertasen y vbo malas palabras el y alonso de aluarado
escriuieronse cartas el vno al otro la de pero aluarez no paresçio y la que escriuio aluarado se dio a baca de castro dixo alvarado a baca de castro que si el no queria yr contra la de don diego
quellos yrian y lo desbaratarian y lo matarian y ansi se
fueron haçia guamanga con toda su gente y se puso dos leguas
de la otra banda del pueblo asento rreal en vn asiento
que se dize chupas saliose don diego del cuzco no toda su gente
e hiçose capitan general juan balsa tardose mucho en el
camino porque se auian hecho vnos quatro o çinco tiros
que oy dia estan en el cuzco y binieronse hasta bilcas tubose notiçia que benia surbano de aca despaña con las prouisiones de gouernador para don diego estaua don diego nuebe
leguas de chupa a do estaua baca de castro y enuio de alli a
don diego sus prouisiones y a rrequerirle no se lo que le enbio
a dezir de ay a pocos dias se dio vna batalla alli en chupas
que murieron tantas de gentes a sin culpa y sin justiçia
que dios n*uest*ro señor les perdone a ellos y a quien fueron causa
que los matasen que no hera menester mas ynformacion
sino dezir qualquiera soldado de los de baca de castro
maten aquel y aquell otro y por vn sermon que pedri-
co el rregente que fue por obispo a las charcas que dixo
matasen a todos y no quedase nynguno hiçose vn rrastro
de cuerpos muertos mas que de puercos y carmeros se haçen
en vna çiudad sin los que mataron los naturales por los can-
pos por vn mandamiento que uaca de castro les dio a los
yndios que los matasen y no mirauan si heran de los de hile[31]
o de los suyos hasta que se allaron algunos muertos y ser de los suyos

[31] Cf. la nota 28.

[fol. 32v]

y lo auisaron y mando a los yndios no matasen mas sino que los trujesen presos pero por eso no dexauan de matar de vnos y de otros porque no conoçian quiennes heran /

– Fuyose el desd*ic*hado de don diego haçia el cuzco con vn diego mendez v*ezin*o del cuzco su capitan y como tubiese yndios y casa en el cuzco tenia por su amiga vna muger que se llamaua la gimenez dixole el maxadero aquella puta como don diego le estaua esperando para meterse a do estaua el ynga descubrio el secreto acaso auia quedado por corregidor en el cuzco a vn juan rrodriguez varragan prendieronle y quitaronle la uara como supieron el desbarate de don diego y questaua don diego zerca de alli y fueronle a prender vn al*ca*ld*e* que se llamava vlano de guebara y algunos soldados truxeronlo preso al cuzco vyose diego mendez al inga con otros soldados subiose baca de castro al cuzco enzitaronle matase a don diego y el no lo quiriendo hazer rrogole se llamase a menor de hedad y el no lo quiso haçer porque dixo que no queria hacer tal poquedad luego enpeçaron a disfamar al uca de castro que rrouaba la tierra y la cochechaua yo no dire tal porque yo no lo vi ni lo se lo que yo ui fue que primetio benderse los yndios y darse a hombres que no los mereçian porque ya que se oviera de haçer tal traspaso auia de ser a quien lo meresçiese a mi solo me agrauio porque me quito los pocos yndios que tenia porque me allo con don diego /

– Tubose notiçia que benia el uisorrey basco nunez bela y determinavan en assentandose la audençia de quexarse algunos agrauiados y como el desdichado caballero quisiese esecutar las provisiones de su çesaria mag*estad* y gloriosa memoria el enperador y cumplir su mandami*ent*o y conoçiesen del ser honbre executiuo y que auia de sauer todas las cosas de la tierra luego se supo su yntinçion que todos los apasionados se auisauan con cartas de las cosas que bian e oyan y como el visorrey enuiase a llamar al gouernador baca de castro que se uiniese a lima y biniesen con el muchos vezinos del cuzco machicao y gaspar rrodriguez hermano de pero anzules auiase benido el gouernador vaca de castro a ber con el visorrey con solos sus criados abiase ydo a castilla alonso de aluarado y pero anzules y auia buelto el bisorrey a *christ*oual

[fol. 33r]

de barrientos vezino de truxillo que supo auer sido al*ca*ld*e* porque (*p*)diese rresidençia pues como fue llegado uaca de castro a la çiudad de los rreyes lo enuarco el uisorrey en vn nauio y como luego se supiese en toda la tierra por cartas y en guamanga los que auian benido con el del cuzco le auian cometido se alzase por gouernador en la tierra y les paresçio no tener aparejo se uoluieron al cuzco y lleuaron el artilleria que don diego auia hecho hiçieron llamami*ent*o a gonçalo piçarro questaba en las charcas en sus yndios que auia salido desbaratado de la e*n*trada de la canela y que lo querian enuiar al uisorrey por procurador a suplicar de las prouisiones que traian de su mag*estad* y que debajo de aquella color podian prender al bisorrey y a sus oydores y que quedaria el en la tierra por gouernador y se uino con toda la gente que pudo al cuzco /

– Pues biendo algunos v*ezin*os que no era aquel buen camino no quisieron conçeder ni ser en ninguna cosa de aquellas auia enpeçado a tomar rresidençia a uaca de castro y fue auisado de lo que en el cuzco se haçia y como fuese mal zufrido por enganarle y destruirle aconsejaronle hiçiese su capitan general a vn martin de rrobles y a vn horuina que auian benido a ber lo que suçedia y todos vltimos (*m*) amigos de piçarro binole hablar pedro de puelles corregidor de ganoco y vn gonçalo diez v*ezin*o de quito y todos estos sauido lo que su mag*estad* mandaua

[pedro de puelles se boluio a guanoco enuio agun gonçalo diez capitan quel auia hecho que fuese a guadacheri a sauer de las cosas de piçarro y no voluio fuese al tirano gonçalo piçarro pedro de puelles de guanoco hizo lo mismo con algunos vezinos y enuio delante a vn argama y a vn grado v*ezin*os hazerles sauer como yba / (*ab*)

– Tomo consejo con el fator yllan juarez de carabajal y el conçejo que entrellos vbo luego el fator lo descubrio y fu(*e*>)yeronsele de casa del fator sus sobrinos los carauajales abiasele huydo vn salaçar corcobado y don baltasar hijo del conde la gomera (*g*>)quando hiço capitan general a rrobles y aquellos fueron los primeros que aluorotaron la tierra y desanpararon v*uest*ro estandarte aviendo rreçeuido sueldo de v*uest*ro bisorrey probeyo a hernan de aluarado por capitan a truxillo chachapoyas tomase de la caja de v*uest*ra mag*estad* dineros e hiçiese gente

[fol. 33v]

y con breuedad se biniese y le enuiase todos los ve*zin*os de truxillo y samiguel
y a la culata y quito y a puerto biejo so pena de traydores a la corona
rreal todos se hiçieron sordos e ninguno acudio ni aluarado tanpoco hordenose en lima vna bellaqueria contra el desdichado
bisorrey y enduzieron a çepeda y a los oydores texada y rramirez
prendiesen al uisorrey ofreçiendeles grandes dadibas porque
lo hechasen de la tierra y para esto hizo alguaçil mayor a vn çepeda
questa oy dia en salamanca /

– E*n*bio el visorrey a llamar al fator yllan (*g*>)juarez y preguntole
por que se auian oydo[32] sus sobrinos y trauandose a palabras
con el visorrey le dixo que hera tan seruidor de su mag*estad* en su o-
fiçio como el en el suyo los de la guarda lo mataron y lo hecharon de los corredores abajo y çepeda y los otros dos oydores
texada y aluarez mandaron a rrobles lo prendiese y fue
aqueste barrientos que digo a prenderlo con la vara de alguaçil
mayor y este mesmo varrientos escriuio vna carta a hernando
de aluarado se detubiese por alla y otras muchas cosas
y escruio çepeda le diesen credito a lo que enuiaba a dezir hieron-
le tan malos tratamientos como si fuera vn hombre de poca
arte rrependio rrobles su capitan por que auia echo aquello
por que le auia negado y dixo desbergonçado que se auia jurado
de seruir a gonçalo piçarro y no ser contra el lleuaronlo a la
ysla questa frontero del puerto del callao y alli lo tubieron
hasta que zepeda acordo lo enbiar preso a españa con el liençiado
aluarez avia enuiado zepeda a su mag*estad* a texada el oydor no se
que cosas por donde el texada murio en la mar de pensamy*en*t*o* y no
aporto aca /

– Y como escriuiesen de lima los criados de baca de castro con
vn yndio vna carta de como baca de castro hera ydo a españa
y no auia aparejo de haçer lo questaua conçertado que se
biniesen haçia lima pues como gonçalo piçarro beniese
caminando haçia lima traya por su maese de campo a vn
toro vezino del cuzco tornolo a enuiar al cuzco porque hera

[32] En la edición de Loredo <ydo>.

[fol. 34r]

casado e hico mase de campo a caravajal e binose camin[a]ndo haçia la ciudad de los rreyes como zepeda tubiese preso al bisorrey enbiolo preso a su mag*estad* con el liçençiado albarez y como vido el licençiado el yerro que se haçia salto en el puerto de tunbez con el y escriuio el visorrey a la culata y a puerto viejo y a quito le acudiesen los vezinos con toda la gente que pudiesen /

– Llego gonçalo piçarro a guamanga y binose a vna puente y cuesta de parcos y enuio a caravaxal su maese de campo delantre y topo aquel yndio que llebaba la carta de los criados de vaca de castro y tomosela de vn tocador de la cabeça en //que// la (*qu*) lleuaba atada no se yo lo que en ella yba mas de que aorco a gaspar rrodriguez y a vn felipe gutierrez y a otros vezinos del cuzco /

– Envio a dezir sepeda a gonçalo piçarro que no entrase con toda la gente que traia sino con diez honbres y que si queria pedir algo quel le oyria y guardaria justiçia rrespondiole piçarro que para que auia preso a bisorrey quel lo prendiera y lo enbiara a castilla que para el pertençia la gouernaçion de la tierra entendiendo çepeda las voluntades de los de la tierra desemulo hasta verse con el y su mase de campo caravaxal al entrar del valle haorco a dos o tres vezinos del cuzco y a pedro del varco entrellos que hera el vno pues visto çepeda que su yntento auia salido a rreues determino de haçerse con el y ganar las voluntades de los de la tierra benia con piçarro diego centeno vezino de las charcas pidio liçençia a gonçalo picarro para se voluer a su casa con sus amigos rreçiuieronlo por gouernador y pidieronle fianças que no haria agrauios a nayde y ansi las dio vinieron

[fol. 34v]

nuebas que auia el licençiado aluarez y el visorrey desenbarcado
en tunbez y çepeda y piçarro acordaron de enuiar a texada
con las ynformaçiones a su mag*estad* y luego proueyeron
que fuese machicao a panama e hiç*ie*se gente y guardase
aquel passo y como el visorrey supiese quel machicao benia
fuese haçia quito llego machicao a tunbez y como estaua alli
vn pobre biejo en el pueblo auia hecho rregalos al desdichado
visorrey dale çienta açotes alrrededor del pueblo de los yndios y como llegase aquel traydor de machicao a panama y estubiese vn juan de yllanes en panama haçiendo
gente para el visorrey dexan a juan de yllanes y pasan-
se a machicao fuese juan de yllanes al nonbre de dios
los vezinos de quito y guayaquil salieron a verse con el visorrey y ofreçieronle sus personas y haçiendas salio al bisorrey vn gomez destasio y rrodrigo de ocampo y otros muchos
porque todos vinieron hasta tunbez por el como el bisorrey fuese a quito hiço quanta gente pudo machicao panama hiço mucha gente y mui grandes agrauios a los mercaderes e vezinos como el visorrey tubiese seysçientos
honbres en quito binose haçia samiguel //[33]

– Çepeda y el tirano gonçalo piçarro como supieron quel bis-
rrey benia haçia samiguel con gente despacharon quatro
o çinco capitanes y que biniesen haçiendo gente haçia truxillo
e samiguel en que fuera vno[34] vn billegas y vn mamuel
destaçio hermano de gomez destazio el que salio al bisorrey
en tunbez y el tirano de gonçalo diaz que se huyo desde guada-
chili y escriuio a hernando de aluarado el que enuio el bisorrey a truxillo y chachapoyas haçer gente e ynbiole a dezir
el tirano y çepeda con toda la gente que tubiese hecha saliese
a verse con aquellos capitanes y se fue a truxillo y se
fuesen todos (*g*>)juntos haçia samiguel /

– Acaso auia enuiado el desdichado visorrey vn mensajero con vna

[33] Aquí se encuentran dos barras oblicuas para indicar el final de párrafo.

[34] Un sobreescrito de dos letras difícil de interpretar.

[fol. 35r]

prouision auisando a todos los vezinos no pidiesen justiçia
antes çepeda porque hera en si ninguno lo que proueyese
porquel haçia audençia con el oydor aluarez / llego el triste
a tienpo que aquellos capitanes villegas y gonzalo diaz
y manuel destaçio y el tirano hernando de aluarado y traidor
a su mag*estad* estauan en truxillo arrebatanlo al triste y
danle treçientos azotes quitole vna muger uivda doliendo-
se del /

– Proueyo çepeda y el tirano a ynojosa y a palomino fue
sen a panama como le auisaron que machicao auia rrobado
mercaderes y vezinos mandaronle fuese corriendo a la
costa /

– Fueronse de alli los capitanes a samiguel auiase ofreçido
vn mesa soldado y otro su conpanero al uisorrey de sacarle toda
la gente que bergara tenia en los bracamoros y pusolo en efeto
y estando saliendo allego gonçalo diaz y hernando de alvarado y manuel destaçio por do salia la gente y tomaron-
sela toda vy(*a*>)ose dellos vn pedro de arcos y fue a dar mandado
al bisorrey haçia quito sauido por el visorrey diose p(*ir*>)risa /

– Aorcaron los capitanes aquel mesa y a otro su conpañero
que auia sacado la gente /

– Diose tanta prisa el bisorrey y bino tan secreto porque lo
encubrian los naturales biendo que los fauoreçia y los otros
los rrouauan que bino sobrellos que no lo sintieron vyeron-
se los capitanes tomo a hernando de aluarado vnos soldados y alla
lo hiçieron pedaços el tirano gonçalo diaz murio en vnos are-
nales mala muerte y pagaron la traiçion que abian hecho
a v*ues*tra mag*estad* manuel destaçio aporto a samiguel y como
villegas se obiese quedado alli y se obiese casado con vna muger
vezina fuese con su muger haçia la çiudad de los rreyes y dio
mandado a piçarro y a çepeda acordo piçarro de bajarse a-
çia truxillo y enbarcose en vnos nauios mucha gente con el
y los cauallos enuiaron por tierra y supo de la muerte de
aquellos capitanes y envio aquel villegas haçia el cuzco

[fol. 35v]

con su muger y el tirano hernando piçarro tomo armas y cauallos
y lleuo consigo casi todos los vezinos y a tres soldados le dieron
los que no fueron con el asento rreal el tirano en xayan-
ca y de alli enbio con vna trayçion mui maluada a vn oxeda
hordenada toda por vn corcouado salazar mui gran tirano y
como este oxeda fuese mui conoçido del visorrei llebaua este
traidor cartas para todos los capitanes del visorrey y para su
maese de campo de todos sus amigos que con el tirano yban
diziendoles lo detubiesen o lo matasen o lo prendiesen o
dexan aquel oxeda haçer lo que yba haçer porque se auia
ofreçido de matar al bisorrey y como supiese deste traydor
el bisorrey que quedaua el tirano en xaynca con toda la tierra
mui bien aperçeuido quiso el bisorrey sauer la gente que tenia
y allola ser flaca y poca y mal aperzeuida y enbio a llamar
a bela nunez su hermano que andaua haçia payta rrecogiendo
alguna gente y auisale que se suba haçia los paltas quel se
subera por caxas y se juntaran alla en la sierra y como bela
nunez lo supo se fue haçia los paltas y el bisorrey salio de
samiguel con toda su gente y se fue açia quito como el tirano
lo supo le ua dano[35] alcanze y en su seguimiento tomando(*e*)le
soldados yeguas caballos y armas proueyo de allli tirano
por justiçia mayor de la tierra a don antonio de rribera
y que rrecoxese quanto del visorrey allase y lo tomase a
sus soldados suposse que bela nunez auia aorcado a vn vizca-
yno que se llamaua zorruco y degolladolo por el colodrillo
porque dezia a rrey a (*y*>)rrey juras a dios que as hecho a
rrey as conquistado esta tierra v porque nos quieres maltratar
rreyanse todos de las neçedadess que dezia en su lengua biz-
cayna enuio el tirano a correr la costa azia payta
a vn don baltasar y hijo del conde de la gomera y rrobo ar-
tas yeguas y cauallos a do me rrobo vn cavallo y tres yeguas
que me traian de nicaragua vn juan griego que nunca pude
allar rrastro dellas ni supe quien las llebo como supiesen ser
mias las contraharan el hierro a do no las allen si dios no las

[35] En la edición de Loredo <dando>.

[fol. 36r]

descubre / pues como diego çenteno se boluiese a los charcas a do hera vezino y obiese quedado picarro a vn almendras por corregidor matolo diego çenteno y alço bandera por su mag*estad* y e(-)n el cuzco auia quedado a toro por corregidor y como lo supiese que se auia alzado centeno y [q*ue*] auia[36] muerto al almendras hizo gente y fue sobrel / auianse llegado con diego çenteno algunos soldados de los que auian ydo a chile con almagro que despues de la vatalla de chupas [a]uian entrado con diego de rroxas por vna prouinçia que se dize tucuman q*ue* confina con el rrio de la plata porque el gouernador vaca de castro le probeyo de capitan y murio el rroxas alla y toda la gente se salia desbaratada y mal proueyda y como llegase todo del cuzco fueronse rretrayendo haçia el rrepartimi*ent*o de diego çenteno que se llama la tutora y boluiose toro al cuzco /

– Pues como machicao quel tirano gonçalo piçarro e*n*bio a panama vbiese hecho mucha gente y muchos agrauios enbarcose con ella y binose haçia tunbez y desenbarco alli y fuese el rrio arriba haçia chinpo ques camino de quito y alli dese*n*barco y se subio haçia la sierra y se fue haçia luiza a tienpo quel bisorrey se rretraya haçia quito y el tirano carauajal maese de campo le yba dando alcançe y como el uisorrei supiese que benia el machicao con tanta gente le enbio a llamar y ofreçiole si se benia con ella lo har[i]a su capitan general /

– Bino a notiçia del tirano gonçalo piçarro y [e]nuio a carabajal las cartas y questoruase que no se juntase con el birrey porque lo tenia por mui gran bellaco al machicao diose prisa carabajal y alcançolo en vn pueblo que se llama la taconga y alli le dixo lo que le auian d*ic*ho a piçarro como benia temiendo no se passase al bisorrey con aquella gente pues yendo dando alcanze al desdichado cavallero ybanse con el algunos v*ezin*os de quito y como fuese con el el traydor de ogeda que arriua digo que se auia ofreçido de lo matar y como los capitanes y su maese de campo fuesen de mal arte por las cosas que aquel traydor de ogeda les dezia y beniese

[36] Un sobreescrito que no se puede transcribir con seguridad.

[fol. 36v]

tubiando y no osauan determinarse de prender al virrey mas ybanle detubiendolo y como bino a notiçia del visorrei prendiolos a todos con el mase de campo y al capitan serna y a manuel destaçio y al traydor del ogeda y fuese la uia de popayan y saliole a rreçeuir el govemador benalcazar y juan cabrera capitan y el capitan fran*cis*co hernandez que despues rrebelaron en el peru los tiranos y ofreçieronle sus personas con dineros para haçer quanta gente pudiesen haçer y dar//l//es[37] todo rrecado para seruiçio de su mag*estad* acordo el desdichado visorrey denbiar a su hermano bela nuñez a españa a ynformar a su mag*estad* todo lo suçedido aquellos rreynos y llego a tienpo a la buena bentura que es en la costa del sur antes que lleguen a panama que allo alli al tirano ynoxosa y a palomino que los e*n*biaua el tirano gonçalo piçarro a rremediarle el daño y agrauios que auia hecho machicao y alli lo prendieron y lo e*n*biaron al tirano gonçalo piçarro en truxillo verdugo mi vezino prendio algunos v*ezin*os que alli auian quedado que no auian ydo con el tirano y enbarcose y fuese a nicaragua sin haçer cosa ninguna buena y de alli se bino a castilla /

– Tanbien diego zenteno en los charcas estoruaba no truxesen al tirano gonçalo piçarro dineros de porco /

– El desdichado visorrey de popayan con el gouernador benalcazar y juan cabrera françisco hernandez hiço quanta gente pudo y binose haçia quito con ella e*n* la çiudad de los rreyes estaba por corregidor vn lorenço de aldana del tirano y vn pedro martin por al*calde*s / y vn amendaño como hera secretario de la audençia ajuntose con el corregidor y haçian mui grandes agrauios y sinjustiçias porque se quisieron alzar por su mag*estad* çiertos hidalgos que alli auian quedado en prendimi*ent*o del bisorrey que no quisieron ac(-)udir al tirano y como lo supiese el corregidor aldana hiço ahorcar a vno y pero martin mato a palos a otro y todos los demas vyeron y dellos se subieron a diego zenteno aunq*ue* estava y vn silba guardando el passo que no subie(*r*>)se nayde arriba porque no se fuesen a zenteno estremeño este silba

[37] La <l> es resultado de un sobreescrito.

[fol. 37r]

y el bisorrey biniendose haçia quito supo el tirano como ven[ia]
y como benalcazar y los demas capitanes benian con el y a-
visaron que traya poca gente y mal proueyda salio el
tirano a encontrarse con el como los v*ezin*os sauian la tierra
truxeron al bisorrey a quito sin encontrarle aviso al bisorrei
vn frayle gedoco[38] flamenco prouinçial de san fran*çis*co que fundo
aquella casa como el tirano traia mucha gente y todos
los vezinos de arriua benian con el y mui aperçeuidos de
armas y cavallos y poluora y tanbien los vezinos de truxillo
y de samiguel y de la culata y condoliendose del desdichado cavallero y teniendo por çierto que le auian de matar y azer
cosas feas en desseruiçio de dios y de su mag*estad* como avia conozi-
do los coraçones de aquellos tiranos dixole dexe v*uest*ra s*eñoria* esta gente y metase en el monesterio y el gouernador benalcazar
vayase por detras de los (*p*>)bolcanes con su gente y capitanes y buel-
vase a popayan paresçiole poquedad al birrey y cobardia y no quiso
porque le auisaron que ya benia el tirano por añaquito vna
legua de alli saliole a rreçeuir y a la asomada de anequito que
todos se vieron vnos a otros rrepresentole el tirano la vatalla
en vn llano y alli lo desvarato que no tubieron rresistençia los
del desdichado visorrey huyo juan cabrera capitan en seruiçio de
v*uest*ra mag*estad* y firieronle al gouernador benalcazar y al desd*i*chado
caballero visorrey de las heridas que le dieron fue a caer cabo
el camino rreal de guanacava zerca de vn charco de agua vuscan-
dole el liçençiado caravajal le allo alli y le mando cortar la
cabeça y lleuar al rrollo a quito y ponerla alli menospreçiando
a su mag*estad* y su rreal nonbre que alli fueron peladas sus barbas
por vn hermano del tirano martin de rrob*le*s llebadas a la çiudad
de los rreyes en menospreçio de la corona de su mag*estad* por no auer voluido
por su honrra y alli truxeron al desd*i*chado bala nunez que lo e*n*biaua
preso el tirano enoxosa mire su mag*estad* que sintiria el desdichado
cauallero contandole el nefando caso y cruel muerte de su hermano
biendo tan grande afrente lloraua que se le arrancaba el anima

[38] En la edición de Loredo <jodoco>.

[fol. 37v]

y [c]l[a]maua a dios prinçipalmente y pedia justiçia a su mag*estad* que creyeron muriera de pesar berse preso por no poder benir a pedir jus*tiçi*a a su mag*estad* ni enbiarle avisio /

– Estubose el tirano en quito haçiendo justiçia de algunos v*ezin*os que auian seruido a v*uest*ra mag*estad* en aquella jornada como a vn diego de torres y a otro su cunado y a otro sobrino de martin de la calle y a otros muchos porque los demas que quedaron biuos se huyeron haçia popayan rrepartia los yndios entre los tiranos çeçazes de sus soldados asi los de los viuos como los de los muertos y desterro haçia chile a otros muchos y todos aquellos yndios rrepartia como digo hiço matar vn pedro de frutos y hechose con su muger dio quatro mill pesos al que le mato y aquellas mugeres viudas quel auia muerto a sus maridos hiçolas casar con soldados de los que auian andado con el forcauan sus soldados mugeres casadas y biudas que no osaban los honbres halçar los hojos del suelo /

– Envio al tirano carabajal haçia el cuzco fuese haçiendo gente por los llanos hiço tantos agrauios aquel tirano por los caminos rrouando yeguas y cauallos a muchos soldados y a los que no se los querian dar los matava / y llegado este tirano al cuzco mato a vn herbaez v*ezin*o y a vn çetiel y a vn aldana y a otro criado del adelantado almagro hiço gente en el cuzco y de la haçienda de aquellos que el quito y rrobo pago los soldados que hico fuese la buelta del collao con toda aquella gente y del camino enuio vnas cartas de yndustria con firmas de diego çenteno que auia desbaratado a caravajal y que se uenia al cuzco por sauer quel tirano la yndin*a*çion de los del cuzco hiço este ardid y engaño /

– Binieron las cartas a poder de vn vezino que se llamaua bavtista el galan y de otros muchos y de vn hernando diez y levantaron vandera por su mag*estad* pues como el tirano piçarro obiese quedado en quito se abajo haçia samiguel y en vn pueblo que se puso por nonbre la çarza quedo el capitan mercadillo y mandole que poblase alli y diese de comer de aquellos yndios que por alli auia a los que mas se auian señalado contra su mag*esta*d en aquella vatalla llego a samiguel el tirano y enbio a

poblar a los bracamoros de aquellos tiranos soldados
fuyose toro haçia porima como supo de aquellas cartas y como despues
[pares çio men-
tira auisaronle y voluio al cuzco y mato a m*art*in de salas y a bauptista y
[corto la mano
a vn her*nan*do diaz y afrento a no se quantos[39]

[fol. 38r]

estaua yo alli y al*ons*o barragan esperando a çepeda para [qu]e me hiçiese tornar dozientos pesos que vn tirano corregidor b*artolo*me de villalobos que
[alli es-
taua fue a pedirselos al tirano gonçalo piçarro y nunca pude alcanzar justiçia que cada dia me pelaban y rrouaban lo que tenia por no querer seguir su opinion justiçia por rreberençia de dos[40] s*u* mag*estad* binose el tirano a la çiudad de los rreyes y como se tubiese notiçia que berdugo e nicaragua hiçiese gente y fuese al nonbre de dios y matase alli a vn carabaxal y a otros creyendo daria auiso a su mag*estad* arguyeron al [--] desdichado bela nunez y hecharon sobrel a vn tirano de ju*an* de la torre q*ue* supiese su intinçion no le
[arguyese
alguna trayçion y este tirano ofreçiosele de lo sacar de la tierra porque tenia vn barco ha do lo haçer secretamente se podrían salir / el desdichado cavallero no se rrecatando de aquella maluada trayçion y dixole quel le pagaria tan gran m*e*rç*e*d como le queria haçer y aquel tirano dio abiso a su caudillo y cortaronle la cabeça fue tan gran dolor para los que entendieron la malvada trayçion q*ue* de pesar q*ue*rian rrebentar por uer muertos aq*ue*llos
[dos cavalle-
ros caudillos y capitanes y todos los demas sus soldados corridos y perseguidos porque andavan tantas traiçiones y temiendome yo alonso borregan dexo tales cosas auise al marques de canete se guardase e hiçiese sus ynformaçiones secretas con los te*sti*gos que le auia dado y declarado auisase a su mag*estad*
[y q*ue* no se con-

[39] Las últimas tres líneas de este folio son muy estrechas, es posible que fueran añadidas posteriormente.

[40] En la edición de Loredo <dios>.

fiase a ninguno de su casa como fuesen de los q*ue* en el peru auian andado
[y auisa-
se a todos sus criados los que auia traydo despana q*ue* tubiesen secreto y que
[diese-
mos horden en otra cosa que conbenia al seruiçio de su mag*estad* y al suyo
[y sacase-
mos çiertos entierros y adoratorios donde auian gran suma de dineros y piedras de gran valor y pussiesemos a su mag*estad* por terçer*o* y me diese audençia
[p*er*sonal-
mente fuera de juiçio lo qual me denego y no quiso dexar entrar en su camara /

– Los v*ezin*os que desteterro a chile el tirano de quito que los llebaua vn capitan vlloa queriendose enbarcar con ellos en vn barco la costa arriba de lima alzaronse con el varco y fueronse a la nueba españa y dexaron al tirano de vlloa en tierra yba entrellos don al*ons*o de montemayor que su mag*estad* podra enbiar a llamar e ynformarse del de todas las cosas de aquel tirano y de la tierra /

– El tirano caravajal dio sobre çenteno y desbaratolo y huyeronse muchos de los suyos en la nueba espana en vn barco que allaron e*n* la costa de arequipa y zenteno tubo a escondido mucho tienpo p*edr*o de pueles en quito auia hecho sus capitanes para guardar aquel

[fol. 38v]

p[ues] hico capitan a diego de horbina el que arriua ba d*ic*ho y a vn
obando y a vn alarcon y el por su capitan dellos y a rr*odrig*o de salaçar
el estuto tirano de los ardides haçia este tirano p*edr*o de puelle//s// tantos agrauios e molestaua a todos los que auian seruido al bisorrey
vazco munez bela que de miedo se huyo haçia popayan vn diego de ocanpo
sobrino del mase de campo que mato el bisorrey por tirano porqueste
moço auia seruido a su mag*estad* mui rrealmente prendio el tirano p*edr*o
de pueles çiertos soldados del visorrey y entrellos a vn balv*er*de
e*s*criu*ano* y quiso saber dellos si querian haçer alguna trayçion y enbia-
aba a este estuto salaçar cautelosamente como mas malvado
supiese dellos su yntinçion como yo al*ons*o borregan lo e*n*tendi la
trayçion y argumento que les arguian adelanteme vn poco
delante y tome a este balv*er*de por la mano y apretesela secretamente y dixele al oydo que se guardase de aquel tirano salaçar
a sauer dellos su yntinçion que le rrespondiese fuera del proposito
que le preguntase y passeme de largo y puseme cara del y llegado
el tirano salazar enpeço de lisongear a el y a los demas yo haçia-
le del ojo y señas que callase al balverde entendiendome bien
rreyase de lo quel tirano le estaua diziendo y ayna el tirano se
corriera de aquella rrisa /

– El tirano p*edr*o de puelles mato vna muger por contenta[41] a otra
su mançeva y tubola e*n* *e*l rrollo dos horas estando haçiendo al
moneda de las cosas desta muger andando pregonando
vn telarito que alla los yndios llaman ordiuiras llego este
tirano salaçar a mirar aquella almoneda acaso estaba
vn moço arriba en vna bentana que se llamava morales
y dixole al pregonero ay ay a salazar se la rremata que la
sabe hordir bien porque conozian todos ser vn gran traydor y estuto tirano /

– Mediante este tienpo se supo como benia el presidente p*edr*o de la gasca
saliose el tirano p*edr*o de pueles de quito con mucha gente haçia
luiça y enbio a vn soldado que se auia casado alli con vna muger
de vn v*ezin*o que auia el muerto vn tirano que se llamava marmolexo y en-
violo a guayaquil p*ar*a sauer de gomez destaçio questaua por corregidor si tenia nuebas de panama y caso fran*cis*co de olmos auia muerto

[41] En la edición de Loredo <contentar>.

[fol. 39r]

aquel corregidor manuel destaçio y a otro su conpañ[er]o y mato aquel marmolexo y prendio a vn lope de ayala questaua por corregidor en puerto viejo sauido por p*edr*o de puelles toda esta//s// muertes e*n*bio al estuto salazar haçia quito que matase a vn cunado deste marmolexo que se llamava rramirez el galan porque queria lebantar vandera por su mag*estad* y le dio garrote vna tarde /

– Ynoxosa desde panama auia enuiado a palomino a nicaragua y alla palomino quemo dos o tres nauios y rrobo el puerto y boluiose a panama y llego a tienpo quel presidente gasca auia llegado tanbien y como supiese de las prouisiones entregaronle el armada he hiço a ynoxosa general de su mag*estad* y envio a este rreyno a vn panyagua a mostrar aquel rrecaudo y prouisiones que traia de su mag*estad* y que se rreduçiesen todos a su rreal seruiçio y que los perdonava su mag*estad* rrequerido piçarro con aquellas prouissiones estorbo çepeda no se biniesen al rrey porque dixo caravajal buenas bulas son estas tomemoslas e dixo çepeda ya os cagais caravajal pues que no quereis tan buen pescueço tengo como voso[tr]os (*d*)y enbio a panama el tirano a lorenço de aldana fue el obispo con el y vn p*edr*o lopez escriv*an*o de g*eron*imo de aliaga s*e*cretario fue con ellos vn gomez de solis por ver si pudieran prender al presidente y tornarlo a e*n*biar a espana visto que toda la gente estaua ya por el rrey y tenian la voluntad por el no osaron yntentar esta trayçion enuiaron a lorenço de aldana que corriese la costa con quatro nauios hasta la çiudad de los rreyes pues visto por todos los tiranos que auian fauoreçido al tirano gonçalo piçarro halçanse todos por su mag*estad* porque en la zarça se halço mercadillo avnque dizen a dos voluntades y diego de mora y truxillo y gomez de aluarado y chachapoyas y los v*ezin*os del guanaco se halçaron y se vinieron a juntar a cajamarca con los chachapoyanos gomez de alvarado y con los de truxillo proveyeron los v*ezin*os de truxillo a lorenço de

[fol. 39v]

de aldana (*los*) de comida los navios que traya subiose diego de mora a caxamarca para gomez de alvarado /

– Salio diego çenteno y fuese ariquipa juntaronse con el todos los v*ezin*os y vn billegas questaua por corregidor vinieron de los charcas v*ezin*os y soldados y del cuzco y de guamaga mucha gente y se ajuntaron con çenteno porque todo el corregidor del cuzco lo auia muerto su suegro sobre çierta passion que entrellos auia pues bisto por gonçalo piçarro que todos los que le auian sacado de su casa y ser mas culpados que no el y agora av*er*le dexado desanparado y alçadose por su mag*estad* por consejo de su maese de campo fuese por los llanos hasta ariquipa y subiose al collao /

– En quito el estuto salazar ordeno otra trayçion mayor por hazerse leal y ordena de matar a p*edr*o de puelles y halçarse por su mag*estad* mato a vn diego de obando capitan de arcabuzeros hiçose mui leal entonçes auiendo sido el mayor tirano que vbo en los tiranos binose el presidente a tunbez con su armada y alli supo de la muerte de p*edr*o de puelles alli le vinieron nuebas como estaua toda la tierra por su mag*estad* porque cada vno de aque[l]los capitanes que se auian alzado por tierra e por mar enbiaban abiso dixeron en la çiudad de los rreyes que se auia quedado don antonio de rriuera e m*art*in de rrobles y otros muchos para ver si podrian haçer alguna traiçion contra el presidente /

– Lorenço de aldana en la mar hechaua soldados en tierra p*ar*a que le diesen abiso de las cosas de piçarro y siendo auisado que piçarro hera ydo arriua se bino al puerto del callao (*sali*)

– Salido el presidente de tunbez se bino haçia samiguel y de alli se bino a los terminos de truxillo y por el camino de zana encamino toda la gente haçia caxamarca y se bino el a truxillo benimonos con el poco a p*oc*o algunos que beniamos hasta el pueblo de truxillo e yo como benia mal dispuesto le pidi licençia para benirme a la çiudad de los rreyes y el se subio por santa a guaylas a do se junto con el toda la gente de chachapoyas y guanoco y truxillo con la que el traia de panama adonde se supo

[fol. 40r]

de vn desbarate de diego zenteno en guarena y de la grande matança que auia hecho caravajal con la arcabuzeria siendo ellos tan pocos los del tirano que serian hasta treçientos y los de zenteno mas de mill y dozientos y dizen morir alli mas de quatroçientos hombres bajo al*ons*o de aluarado haçer gente a la çiudad de los rreyes hi hico quanta pudo aver auiame dado vn caballo para que fuese a la guerra y llegado a vn pueblo que se llama guadacheri diome tan grande enfermedad de la cabeça que se me çego este ojo con esta nube y tornele a dar el cavallo visto que no podia andar proueyo de vn mensajero a la gente que traya salaçar de quito que no esperasen banderas de salaçar sino que se biniesen como mas pudiesen y los que se quisiesen volber a quito que se voluiesen y ansi lo dexaron solo porque le auisaron al presidente que hera mal hombre y no vsase alguna traiçion con aquella gente pues yendose piçarro el tirano haçia el cuzco yba buscando de los que se auian escapado de la vatalla a do tomo a luis garçia samames y lo ahorco y a machicao y a olea los llebo aorcar al cuzco fue dios asi seruido que aquel tirano machicao no quiso acudir al bisorrey haçiendole su capitan general y dandole tanta honrra llego diego çenteno al presidente y cada dia se le allegaua de la gente desbaratada suya /

– Suplico a v*uest*ra mag*estad* atenta mi sauia prudençia mire este gran misterio que alli aconteçio con aquellos traydores no abiendo querido acudir al desdichado visorrey antes que le prendiesen çepeda sino yrse al tirano y encurrir en crimen lexes contra v*uest*ra mag*estad* dexando su estandarte rreal seguir al tirano y traer corrido al desdichado visorrey y poner su cabeça en el rrollo primitio dios n*uest*ro señor de les dar tan mala muerte y tan fea afrenta siendo ellos tantos y el tirano con tan poca gente a quien ellos auian metido en las vellaquerias pasadas y mas culpados aunque no el ansi los biuos como los que alli murieron quel dia de oy muchos dellos en españa ui cos-

[fol. 40v]

a do su *cesarea* mag*estad* conozca a todos y sauido y berificado quien son si otra vez entendieren en alguna rrebilion o alteraçion o juraron falsso contra alguno conoçiendo sus maldades los mande castigar y tener quenta con ellos /

– Fuese el presidente haçia el cuzco ybasele llegando gente de la desbaratada de zenteno y rrecogiasele mucha de vna p*ar*te y otra allegado al ualle de jaquixaguana vido las banderas del tirano y alli se passo el lic*ençia*do çepeda por vista de todos con alguna gente hiço tirar el presidente vn tiro hacia las tiendas del tirano y junto a par del tirano mato con vna pelota vn paje suyo y sin mas atençion muchos desanpararon al tirano y fue preso el y sus capitanes y traydas las cabeças dellos al cuzco y dellas a la çiudad de los rreyes a do estaran hasta que se consuman rrepartio lo q*ue* estaua baco y dio a los yndios no por meritos sino por consejo del obispo y de vn pero lopez dezianle tantas desberguenças no le teniendo rrespeto ni mirando ser vn honrrado clesiastico sino cada vno se le antojase hablaua lo que le paresçia delante del todo lo çufria porque uian questauan todos como los traydores que no sauian de que hechar mano pues beya estar todos tan culpados ansi los que se auian benido por el perdon que les auia dado visto no auer rraçon ni palabras con que los contentar tubo por mexor desimular pedile vn mandami*ento* para vuscar mis yeguas y cavallos nuca pude hallar rrastro dellas / *cesarea* mag*estad* su mag*estad* mire mi antiguedad y seruiçios de quarente y tantos anos y mirando tener pobres mis hijos y nietos y biendo sus menistros auer vsado tantas crueldades conmigo me de liçençia para enpremir esta coronica pues fui el primero que a su mag*estad* yo la di el marques de canete auise de todas las cosas en el peru acontezidas y me conceda las m*erçe*des que pido pues es poco /

– Y porque declarare quien son los naturales y de donde se fundaron aquellos rreynos con legitima autoridad y ebidente claridad

[fol. 41r]

c*esarea* mag*estad* pues esta tratado de las guerras y maldades que
los espanoles an auido por gouernar vn rreyno tan ynsine
como el del peru sera bien declarar la birtud que los señores
naturales tubieron que aquellos rreynos poblaron y ocuparon
y de donde pudieron benir y de que tanto tienpo a esta p*ar*te y legitima verdad y rraçon porque no sera justo çesaria mag*estad* que
a mi se me quite esta gloria y m*er*ç*e*d de aquellos rreynos por la
maliçia que dos o tres ladrones su mag*estad* enuio aquel rreyno
del piru husando contra mi mill maldades y cr*uel*dades
atestiguando con aquellos que contra dios y contra su mag*estad*
se an rrebelado muchas veçes por me anichilar y desfamar por
tanto aqui por suma declarare por donde binieron aquellas
gentes aquella tierra y de quantos tienpos a esta p*ar*te
con autoridad ebidente porque no es justo se trate mentira sino
toda v*er*dad y autentica claridad /

– C*esarea* mag*estad* e*n* la sagrada escriptura leemos y nos es declarado autoridad ebidente y por administraçion dibina fue proueydo y se
dio a los hijos y nietos del patriarca nohe y el angel se lo declaro
por el sumo bien y criador del çielo y tierra conçedido que pobla-
sen todas las tierras ynauitadas y fundasen en ellas gentes
que las ynchesen y p*ar*a ello proueyo n*uest*ro ynmenso dios xchristo
hijo de la birgen sagrada maria n*uest*ra señora que aquel soberuio nenbio
quisiese sauer y alcançar los secretos del çielo con la hedificaçion de su torre de vauilonia y como dios n*uest*ro señor no consintiese en su maliçia
premitio vbiese la debision de las lenguas que en ellos vbo porque
las gentes que para el edifiçio fueron juntas no se entendiesen
porque lo hordeno el ymenso criador para otro efecto mejor
y de alli fueron apartadas gentes que por todo el mundo
se esparçieron cada lenguaje por su parte juntos y tubieron
para ello ebidente aparejo y fue el mar bermexo que tan
propinco y v*ezin*o tubiera porque claro esta c*esarea* mag*estad* que sale adelante de las yslas de los malucos por do pasan las naos del
rrey de portugal que uan a la yndia porquesta propicas
y conjuntas al sur y los bientos le son fauorables que rreynan

[fol. 41v]

sienpre en aquella costa del sur y piadosa y berisimamente
fueron de aquelas gentes los que poblaron en aquel rreyno
y toda aquella costa del sur y an benido en tanta de//s//minuçion
que se an perdidos sus memorias y discriçion del escreuir por el
gran uiçio de la tierra porque no se les allo escrituras sino vna des-
criçion natural por donde se gouernaua por quenta tanbien se puede co(*l*>)regir y creher euidentemente que se pudieron
poblar de aquellas gentes que se apartaron del gran patriarca
y santo moysen y aron su hermano porque en la persecuçion
quel rrey faraon les hiço en el seguimi*ent*o que les fue dando q*uan*do
el ynmenso dios proueyo se les abriese el mar bermexo y les
dio pasaje a rruego del bien abenturado patriarca moysen
porque bisto el peligro en questauan se apartaron de aquellas gentes del rreal del patriarca gran numero dellos pues
se (*e*>)allo en la sagrada escriptura y siete tribos y otros dizen
çinco menos de los doçe que se contaban y destas opinio-
nes se tome lo mexor y mas obidente porque como se bieron
en tal estremo y los del rrey farahon biniesen sobrellos
dandoles alcanze desconfiados de lo que n*uest*ro dios probeyo a rruego del patriarca moysen y de su hermano aron
que hera sumo saçerdote del alto y debino culto se apartaron
aquellas gentes y se fueron asconder detras de la
montaña e sierra que cauo el passo del mar bermejo estaba
y alli cortando madera y esforçandose en sus manos hiçieron
nauios o varcos o balsas de madera para su pasaje de aquel
mar y como dios n*uest*ro señor sea haçedor de todas las cosas
y supiese mexor lo que dellos auia de ser quellos mismos pro-
veyo que los bientos no los dexasen voluer a do ellos querian
yr por ebitar mayores males porque claro esta que si
aquellas gentes pasaran y se tornaran a juntar con
moysen que auian de mormurar del o por bentura haçer otra
cosa mas fea como se le que aquellos que bieron el gran misterio que a(*y*>)lli n*uest*ro señor obro en abrirles la mar y darles pa-
saxe tan a su saluo mormurauan de moysen y de su hermano

[fol. 42r]

aron y estubieron en terminos de se rrebelar y matar al moysen y aron que hiçiera si los otros (*no*) aportaran a do ellos estavan en el disyerto no dudo que obiera grandes desinsiones y aluorotos y no se pudiera valer el patriarca con ellos diziendo que no le debian nada quellos pasaron con nauios quellos hiçieron y no como lo otros de do rredundara gran trauajo para moysen y aron su hermano y como dios n*uest*ro señor sepa mejor y conozca lo que dellos auia de ser los hecho y saco por aquella mar bermeja y nunca se supo mas dellos piadosamente se puede tener y creer que aquellos pudieron aportar aquellas partes y poblar en toda la costa de sur pues como arriua ba d*ic*ho la salida de aquella mar questa propinca y vezina al sur y los vientos tan faborables porque con ebidente rraçon y bastante ynformaçion se puede entender y creer que los pobladores de n*uest*ra españa pudieron aportar a las p*ar*tes del sur por el mar oçeano por las rraçones ebidentes y de autoridad c*esarea* mag*estad* estando toda la tierra firme que encomienca desde la nuruega y corre la costa a la florida y rrio de palmas y nueba espana / yucatán / y honduras. nicaragua. desaguadero de nicaragua. deragua. nonbre de dios / senu / carta axena rriogrande / santa marta / tapiparaguna / cabo[42] de la bela / golfo de necuela / coquiuacoa / la isla de aruba / vrazao / paguachoa / barequicinleto / tucuyo / burburata / maracapana / la punta y cabo de araya / y da la buelta a la costa / avyapal / marañon / rrios que dezienden del peru y nuebo rreyno / y prosigue la costa al brasil / y al rrio de la plata / y va al estrecho de magallanes / y va adelante la costa hasta llegar a la espeçeria debajo del sol y sin tener otra salida este mar oçeano sino la derrota que lleban los nauios que del rrey de portugal van a las yndias del alicud y auiendo como ay otro estoruo de la nabegaçion que hagora en este tienpo bemos tan espertos en el navegar y no pueden pasar muchas veçes el cauo de buena esperança sino que se buelben muchas veçes a las yslas terceras por los vientos y corrientes contrarias como pudieron en aquel tienpo

[42] Palabra corregida.

[fol. 42v]

nabegar ni aportar al sur los que de de n*uest*ra españa saliesen como ese cauallero dize que me vrto a mi mi ystoria y se la yntitulo a el pues sauen que tienen otro mayor estoruo ques las yslas de canaria / san juan / santo domingo / cuba / jamayca / todas las demas yslas y por tanto esa scriptura no lleva verdad ni autoridad avnque aprueba con aristotiles (*ni d*>)y con otros ystoriadores evidentes porque aquellos estoriaron destas p*ar*tes de españa ya sauidas y no de otras rrisiones de yndias no vistas por tanto es justo se rrepruebe aquella escritura y se me de a mi como primero y prinçipal de las cosas del rreyno del peru y como mas çierto historiador dellas y que mas v*er*dad aya tratado y d*ic*ho porque cesaria mag*estad* (*n*>)le encargo la conçençia mire lo que se me debe de quarenta anos de seruiçio y se me de lo que pido y a los señores que gouernaron y poblaron aquel rreyno del peru y tubieron tanta prosperidad en el junta para queste rreyno despana goçase como yo declarare en vna memoria en esta coronica puesta y pedire a v*uest*ra mag*estad* y no solamente a los yngas se les debe tanto premio y galardon sino a los señores de las prouinçias que sean anparados y fauoresçidos y ponga su mag*estad* sobrellos bisitador que a los clerigos y frayles questan en las dotrinas en los monesterios que en las prouinçias estan y por los valles no se les consientan vsar de rrescates ni tratos ni mercadear con los yndios conforme a rraçon e*n*tiendan en la dotrina y si vsaren de granjerias los salarios sean moderados que se les den doçientos pesos con su comida onestamente conformandose con lo quel santo conçilio a hordenado porque puniendo su mag*estad* sobrellos y quien los anpare y fauorezca como bisitado*r* y protetor o procurador dellos su mag*estad* sabra toda la v*er*dad y //a// este su mag*estad* le tome juramento y auise a su mag*estad* de todo y los anpare y fauorezca y no se les consienta que biuan v*i*çiosamente sino que trabajen y se egerçiten en haçer lo que solian en tienpo pasado quando el ynga los gouernaua porque si otra cosa se les con(*ç*>)syente sera gran perjuiçio de la rrepublica y suya y ansi ternan y ganaran dineros p*ar*a pagar sus tributos

[fol. 43r]

porque yo no les alle mas rraçon ni sauer de los tienpos pasados de hasta la hedad de topa ynga yupangui que fue su padre de guinacaba porqueste fue el primero en gran nobleça y los administro y gouerno en quieta paz y sosiego y conquisto toda la tierra hasta chile y destotro cauo hasta los carangas ques cauo pastos y pasto y los puso en sacar oro y plata aunque dizen que de mucho tiempo los auian y los enpuso en afinar los metales de oro y de plata y conoçio el cobre y el estaño y porque sera bien dar quenta de quien fue guaynacaba y su hijo el guascar y manguinga y marcachinpo muger estos hijos de guainacaba avnque contemos al rrebes y digamos de manguiga que se rrebelo co*n* los rreynos del peru tornaremos a dezir de su padre guainacaba la virtud y esçelençia que tubo en gouernar aquellos rreynos y tenellos en paz y en quito dizen fue alto de cuerpo y delgado y mui bien hablado en su lengua y amigo de pobres y honbre que oya a todos los menores de mui buen grado y al hombre que hera malo aunquhera señor mostrauase contra el cruel y hera hombre mui atentado que nunca el henojo le bençio ni por afiçion dexo de haçer justiçia y pues señoreo desde la prouinçia de chile hasta rrio caliente ques mas adelante de pasto que ay del vn cavo al otro pasadas de dos mill y doçientas leguas y la tierra dentro por los andes y montanas zerca de ochenta o çien leguas desde la costa haçialla dibio de ser verdad porque señoreo por amor y temor y tubo en mucha rraçon todos los naturales e hizo caminos por la sierra y por los valles y por los llanos y si auia menester escaleras de piedras las haçia en todos estos terminos y longura de tierra arriua d*ic*ho todo *(o)* ynibel haçiendo calzadas cortando penas de manera que todo quedase ygual que fue cosa dina de entender y ber y saber y no vbo señor en el mundo senoreo de tal manera que no se le rrevelo señor contra el

[fol. 43v]

en todo este termino arriba d*ic*ho que no lo castigo con mucha prudençia por no vsar crueldades hordeno de mudarles de vnos valles a otros y de vnas tierras a otras y a estos mudados llamauan los yndios mitemaes porque //si// en vna prouinçiauia vn señor cruel o ynobediente a lo quel mandaua mudavalo de aquella tierra o balle a el y a toda su generaçion y a todos los yndios que a el heran sujetos y de otro valle o prouinçia traya otro alli a su tierra y ponialo alli de la misma manera que a el le mudaua y les daua otras tantas tierras como en su tierra misma tenian y a estos mudados les haçia servir en las casas de los caminos rreales que los yndios les llamauan mitayos partio los terminos a las prouinçias y a los valles y senaloles hasta adonde auian de hadereçar el camino rreal y a cada parçilidad y señor prinçipal que en las prouinçias auia por su cuenta y quipo quellos llamauan hasta adonde aui de hadereçar el camino cada parçelidad y tubo espeçial quenta en sauer que tantos yndios auia en cada prouinçia para dar tributo[s] y que tantos auia de seruiçio y que tantos biejos auia que no podian seruir y que tantos guerfanos auia por las provinçias que no tenian padres que les diesen de comer y de bestir porque en las sierras ay otra horden que en los llanos que los yndios que texen e ylan e haçen rropa llaman cunbicos que nosotros llamamos texedores y a las mugeres les haçia trabajar y azer comidas y senbrar sus legunbres papas mayz o la quinioa / camotes que en santo domingo se llamauan vatatas calavaças que en otra p*ar*te les llaman avyamas proueyo ansi mismo que en los llanos que llaman yungas ylasen las mugeres y texesen algodon para bestir a sus maridos y para dar tributos al ynga y como no tubiesen

[fol. 44r]

creençia ninguna ni creyesen en dios por no auer quienes los dotrinase adoranron al sol y a la luna y hordenole ofreçiesen al sol oro y plata y ganados de las obejas que en sus tierras auia y como el demonio andubiese e*n*tre ellos con sus aparençias y enduzimi*ent*os zegoles el entendimi*ent*o y de hedad en hedad los fue enganando y diziendo matasen ninos y mugeres y las enterrasen con los muertos y sacrificase al sol ninos y bertiesen la sangre dellos por los adoratorios que hiçieron para el sol y tubieron una gentelidad que al señor que los gouernava en descreçion e quieta paz lo enbalsamauan con vn balsamo de t(*r*)an gran virtud que nunca se le le cay el cabello ni se le pierde la figura sino questa tan entero como si estubiese viuo saluo que como alquel valsamo lo deshaçen con vna tierra colorada que se llama yznra queda el cuero vn poquito de color çetrino este valsamo lo tienen tan escondido que nunca e podido sauer dellos que arbol es saluo que me dixo vna yndia averlo alla en las montanas y los mitimaes que alla estan lo conoçen y teniendo quenta en los yndios que auia para dar tributos enuiaua yngas de sus capitanes los mas viejos para que tubiesen quenta y rraçon en las heredades y tierras y se las rrepartio a cada vno de los yndios y dexo tierras para serui*ç*i*o* de los tanbos rreales que son las casas questan por los caminos en cada prouinçia mando haçer junto aquellas casas en lo alto en la sierra vnas como camarillas por su horden por toda la sierra para depositar y poner lana rropa ojotas / guaracas / y otras cosas que en las prouinçias pudiesen aver carne seca que ellos llaman charque papas (*pa*) secas quellos llaman

[fol. 44v]

chuno oca / quinioa / maiz / de todas las cosas que en las
prouinçias auia haçia poner en aquellos depositos y como
le deçian los gouernadores que auian muchas heredades
que no llevauan fruto por falta de agua haçeles y
da endustria que saquen agua de los rrios por azequias
que nosotros llamamos arbanares y azeles yr dos leguas
y vna legua hasta que alcanze aquellas tierras con el
agua y puesto todo esto en horden haceles que cada
parzelidad tenga quenta de aderezar aquellas a-
zequias si en los ynbiernos fortuytos las rronpieren
las aguas cada vno aderezase lo que le cupiese y de los caminos
rreales por el consiguiente y los depositos estubiesen adere-
zados y cubijados porque las aguas no los moxase en el
ynbierno y los tanvos rreales por el consiguiente estubiesen cubijados y adereçados por aquellos prinçipales y
mitimaes mudados que arriua ba d*ic*ho y declarado pusso
otra horden y mando que se pusiesen por los caminos rreales de trecho a trecho como dos tiros de arcabuz vnas
casillas a do estubiese vn hindio para portador de
cartas y queste yndio o yndios de la pro(*p*)binçia o provinçias estubiesen sienpre avnquestubiesen en des-
poblados para llebar mensaxe hasta el cauo del
rreyno de lo quel mandase y proueyese y para sauerlo
que alla se haçia e probeya y como tubiesen gouernadores
por las prouinçias yngas que los gouernasen y no
tubiese hadereçado los caminos o los depositos o las
azequias v estas postas puestas conforme
a la horden que les puso mandava espresamente
que lo matasen al que no lo tubiese aderezado y e-
cho y mando y pusso que donde vbiese minas de horo
o plata que los yndios que no heran para susten-

[fol. 45r]

tar casa aquellos las labrasen y fuesen enpuestos a un-
dir el metal a su husança y despues los plateros lo a-
filasen / tanbin hordeno qu*e* de aquellos mesmos yndios
mas flacos e yndias de todo lo que se trebutase en las pro-
binçias quedasen para seruiçio para llebar de su misma
tierra los tributos hasta el otro pueblo y de alli se
voluiesen a su tierra lo quel mando que se le llebase
al cuzco que lo demas mando poner e[n] los depositos
y mando poner yndios que lo guardasen y mirasen
y rremediasen las casas que no se llobiesen ni obiese
rratones ni otras suçedades que destruyesen la comida y proueyo que se pussiese guarda en los ganados
y tubiessen quenta e rraçon en lo que montiplicaban
para dar al sol el diezmo y la lana que se trasquilase
del ganado fuese guardada en depositos para el sol y los
depositos que para su mesma p*e*rsona y de sus mismos
trebutos estubiese por si como lo del sol y se pusiese yndios
que lo mirasen y guardasen que se llamaban camayos
del sol y camayos del ynga y camayos de los tanbos rreales puso mayordomos en las minas de horo y plata
y aquella comida que en los depositos mandaba poner y
rropa la que no fuese lana fina fuese para seruiçio de
los yndios de guerra e yndias que lo siruiesen puso
en las casas del sol señoras quellos llamaban pa-
clas manaconas p*ar*a seruiçio del sol y questas hiçiesen
sus breuajes para quando fuesen a sacrificar al
sol en sus tiempos conoçidos y questas señoras siruiesen tanbien que los señores yngas que alli fuesen
partiçipaban con elllas e si se enprenaban e parian hijas
quedavanse alli y si hombres sacauanlos de alli des-

[fol. 45v]

pues de criados p*ar*a la guerra / tubieron otra zerimonia los yngas y señor(*a*)es y fue que en vna laguna questa en vrcos ocho leguas o diez del cuzco sacaban agua della y en vna pila que alli estaua de piedra se labavan quando enpeçaua a ser de dia aquellos señores que yban al sacrefiçio porque dezian que auia de entrar linpios en aquellas zerimonias y casas del sol tubieron los señores yngas otra zerimonia que quando salia del cuzco haçer alguna cosa que cunpliese y q*ue* fuese secreto mandava yr delante mas de zien y*n*dios que apartasen a todos los que topasen que en vn quarto de legua no llegasen adonde el estaua porqu*e* no le ynpidiesen ni viesen lo quel haçia porque todos no supiesen sus secretos /

– Dio a todos los señores que por las prouinçias estavan que a los pobres y guerfanos se sustentasen y diesen de bestir y de comer quando salian al llano a comer o almorçar o a zenar y que alli les diesen de comer y vn bestido de tiempo a tiempo y mandoles que lo questubiesen en aquellos depossitos si la tal prouinçia tubiese neçesidad se diese a los que mas neçesidad tubiesen y si acaso su gente de guerra passas[e] por alli les diesen de comer de aquello alli deposita do y de bestir de aquella rropa y el año benidero lo tornasen a poner tiniendo quenta y rraçon a quien se daua para que lo pagasen y lo pusiesen alli esto de los correos mando que sienpre rresidiesen en sus asientos p*ar*a enbiar el mensaje que le pertenesçiese a chile o a quito o a donde quiera q*ue*

[fol. 46r]

fuese menester y ouiese menester de en enviar algun aviso que en quinçe dias fuese a chile con el rrecado y en otros quinçe voluiese y por el consiguiente a quito lo mismo dio rreguimiento a los gouernadores que lo de las azequias para rregar las heredades que rrepartiese el agua conforme a la heredad que cada vno tubiesse y al que le cupiese y pertenesçiese aderezar el camino lo tubiese adereçado y los tanbos rreales y casas de los caminos rreales estubiesen adereçados y proueydos de manera que todos tubiesen justiçia y rraçon y lo de las guacas y adoratorios los que los tubiesen a cargo tubiesen cuidado de todo los que les cupiese y pertenesçiese tubiesen cuydado de lo cobrar y guardar asi de los ganados como de las lanas y las comidas y de la rropa y las tierras que tubiesen en tierras callentes que las senbrasen de algodon y de coca de aquella yerba quellos comen ques mui preçiada e*n*trellos y el agi que estas tres cosas y la carne seca quatro hera el mejor rrescate quellos tenian porque hordeno mercados en todos los pueblos y provinçias que alli saliesen a vender y rrescatar todo lo que tubiesen y que puso hombres que mirasen no se hiçiese agrauio en aquellos mercados y solo en el mercado del cuzco hordeno quel que metiese horo / o plata o rropa que sacase otra cosa en rreconpensa de aquello y no aquello que metia hista horden

[fol. 46v]

mando que se guardasen / he hiço y ordeno sobre las guacas vn señor de los mas prinçipales como obispo que rrecogiese todo lo que a las guacas perte-
nezçiese / y los gouernadores rrecogiesen el trebuto
de sus ganados y pusiesen rreca(*r*>)vdo en ellos y en
lo que le tributauan dellos a este señor que hera como
obispo se llamo yllaomatizo que quiere dezir en n*ues*tra
lengua cabeça de sol claro /

– Y estando en el cuzco quieto y paçifico vinieronle nuevas que los //cho//nos y guacabellicas en la culata se le auian
rreuelado contra su gouernador señor de la (*c*>)puna aperçi-
vio toda su gente de guerra y toma sus capitanes e
ynbialos que bayan haçi(*a*>)lla poco a poco y el quedose
en el cuzco con su hijo el guascar que hera el mayorazgo
y hordeno que quedasen por sus ayos y gouernadores yllaomatizo su primo yupa*n*gui tanbien su primo señor
de vrcos y moyna / tubo otro hijo este guynacaba
mediano que le llamaron manguinga y este fue el que
se rrebelo con el rreyno del peru y vna hija que se llamo
marcachinbo estos tres fueron legitimos / y mando
a sus primos dotrinasen al guascar a su hijo
en toda rraçon y le fauoresçiesen y anparasen
y que sacasen gente de guerra para fauorezer las
prouinçias s(*uy*>)y en alguna se rrebelase o para chile
si fuese menester y esto asi hordenado fuese por su
camino y alcanço a su gente en andaguaylas y dase
mui gran prisa a caminar y llegado a la prouinçia

[fol. 47r]

de xavxa envio vn capitan con mucha gente que
fuese a sacrificar la guaca de pachaca(*n*>)m//a// y si de horo y plata
que le ofreçiese y quien haçiendo sacrifiçio se fuese por los
llanos haçia truxillo el guainacaua yba ofreçiendo a
las guacas (*o*) y adoratorios oro y plata y sacreficios y
otras cosas y llegado en la prouinçia de guylas yba dando a los señores dellas rropas de las del cuzco y azien-
do merçedes a todos y a los gouernadores sacreficasen
y ofreçiesen al sol y tobiesen toda rraçon e justiçia
como arriua va d*ic*ho y asi se fue caminando hasta llegar
a caxamarca y de alli enbio a ofreçer a las guacas
y horatorios de truxillo y el que fue se encontro con
el otro capitan que benia por los llanos y se fueron
la buelta de samiguel despues de aber echo lo
que guaynacaua les auia mandado y el camino y se
fue la buelta de los guan(*g*>)bos guancabanba y se fue
haçia los paltas y los capitanes que por los llanos
venian se subieron por caxas y los e*n*bio se fuesen haçia
carro chanbo y se bajasen a tunbez y el se fue a ba-
jar por los mo(*l*>)rletudos questan como los canales
y aquellos capitanes se fueron a tunbez y enbiaron
a llamar al señor de la puna y benidos que fueron
se fueron con ellos en valsas y abajado guiryna-
caua a la ysla y el guaynacaua se abajo al passo
y presos algunos señores de los chunos y guancabelicas
los hizo matar y puso otros en su lugar como
todos le viesen obedençia se torno a subir a los can[pos]

[fol. 47v]

yba uisitando toda la tierra haç[i]a quito por todos los puruaes y llegado a quito supo questaua vn señor que se llamaua otavalo y señoreaba los carangas y posto y va sobre el con toda su gente y el otro saliole a rreçeuir con mucha gente haçerca de vna laguna frontero de vna prouinçia que llaman mira y alli junto a la laguna se dieron vna vatalla entranvos a dos que dizen ser la cosa mas rrenida que entre yndios se vio y como guaynacaua traya la gente mas diestra en guerras y con mejores armas mataron tanta cantidad de los otros que la sangre de los muertos se torno la laguna de aquella color de sangre aunque de los de guynacaua murieron muchos y mataron alli al senor de otavalo y fuese el guaynacaba a su valle y tenia vna muger aquel señor muy hermosa y señora de la tierra y tomola por muger / llamaron aquella laguna yaguarcocha que quiere dezir en n*uest*ra lengua laguna de sangre / y como tomase aquella señora por su muger enprenose del y pario vn hijo que se llamo atavalipa tomando del nonbre del valle que se dezia otavalo envio gente el guaynacaba a los carangues y pastos y truxolos de paz puso en horden toda la tierra y debaxo de su senorio y puso por las prouinçias y valles gouernadores y andubose mirando toda la tierra y holgandose

– Mediante este tienpo allarriua en el cuzco [e]n vna prouinçia de andaguaylas rrebelo [se] vn señor contra el guascar quiriendole tomar

[fol. 48r]

el cuzco y pidio fauor a los señores guancas de javxa que le guardasen aquel paso si guaynacaua biniese o enviase contra el gente y los guancas se le ofreçieron de lo haçer sauido por el guascar y por sus tios adereçan su gente y vienen a rreçeuirle a la puente de apurima y alli le desvarataron y bolvio fuyendo yba trael el señor de vrcos y moyna con mucha gente yvale dando alcanze y el fuese rretrayendo azia javxa creyendo que los guancas le fauores zerian y al fin fuese rretrayendo haçia los chachapoyas e yendo sobrel aquel señor se metio por aquella tierra adentro de los chachapoyas y metiose por vn rrio avajo y passo de la otra vanda adonde supieron que via poblado en vna prouinçia /

– Como guainacaua estubiese en quito quiso haçer y fundar otro cuzco en la prouinçia de los canares que llaman el tanvo de las piedras y mandava alli llegar muchas piedras para haçer su casa y el andabase olgando y paseandose entre tanto yba creçiendo el muchacho que auia naçido y açiendose hombre acoxiole por su ayo el guaynaca(*b*>)ua a vn señor que se llamaban oromiñabi y mandole que no passase su señorio de aquel moço mas de la prouinçia de los puruaes y que tiquicangue fuese el termino y que de alli adelante fuen los canares sujetos al cuzco y que aquel moço señorease haçia pasto y fuese a conquistar aquella zinga que agora llamamos po[--]

[fol. 48v]

murio guainacaua de vna enfe[r]medad que le dio muy rreçia que debia de ser perlesia sacaronle las tripas y enbalsamaronle el cuerpo porque enuiaron por el valsamo al cuzco y enviaron sus primos por el cuerpo dizen ser aquel valsamo de vn arbol y que corre del como azeyte porque a lo que pareçe es cosa debina pues como el muchacho atabalipa fuese grandezillo hiço enterrar las tripas del padre y dixo que se queria yr al cuzco y haçe mucha gente e vienese haçia los canares y no lo quisieron dexar pasar porque auia en la prouinçia de los canares mas de sesenta mill yndios y danle vatalla y desbaratanlo y prendenle a el y a su ayo y como el ayo fuese señor gano la voluntad de algunos señores y tubo manera con ellos como los soltasen y los dexasen voluer a su tierra traydo a quito el moço se rrehiço de mucha gente y buena y rreboluio sobre los canares viendo los canares que no se podian anparar con el determinaron de salir de paz y enbiaron diez mill ninos con flores en las cabeças sus girnaldas a pedir misilicordia y que no hiçiese mal a su prouinçia ni a sus padres y el maluado cruel mando poner toda la gente del vn cabo y del otro de los ninos y tomolos en medio y los hiço degollar a todos esto fue hecho entre dos pueblos que se dize el vno mocha y el otro anbato destruioles toda la prouinçia y mato a muchos señores que no dexo diez mill yndios en toda la prouinçia y de alli fue conquistando los paltas carrochanva hasta que llego a cajamarca y envio a los chachapoyas gente que la conquistasen o trogesen de paz y de alli envial [-] cuzco dos capitanes el vno el quiquiz y el otro cari- [-][43] cuchima y que tubiesen manera como prendiesen al

[43] Papel deteriorado.

[fol. 49r][44]

guascar y hechase[n------]e yban vyendo del por sus crueldades no lo [-----su]frir y que sobornasen a los señores para haçer a[qu]ella bellaqueria y trayçion

– Pudieronlo haçer a su saluo porque heran ya muerto sus tios / estando en cajamarca tubo notiçia que beni[an] los christianos y que benian en vnas llamas que pensaron estos que heran obejas porque ellos no tenian notiçia de cauallos llegaron los cristianos a cajamarca y pusieronse en el tanbo rreal y asentaron su rreal y su artilleria en vn asiento alto y adoratorio / hera candia capitan del artilleria / y el atabalipa estaua vn poco mas adelant[e] en otras casas con toda su gente y enbiole el gouernador piçarro al padre frai bicente de valv*er*de a rrequerir se tornase cristiano y quellos benian por mandado del rrey de castilla a toda aquella tierra a los dotrinar y enseñar estaua alli con el otro clerigo que se dezia sosa y como el frayle le mostrase los abangelios y los tomase el atabalipa en las manos y no entendiese la letra arrojolo por el suelo no haçiendo caso del enojose el padre y bulbese al gouernador y a los christianos acuerden todos que le prendiesen porque vieron que //se// le rrecogia mucha gente el tirano del atabalipa determino de prender a los christianos y matarlos y sale vn dia con toda su gente armada y vase p*ar*a el apossento de los cristianos y entra en los tanvos puesto en sus andas con toda su gente armada y vase derecho a donde estaua el apossento del gouernador haçelo detener el gouernador en palabras hasta que todos se armasen y cabalgasen en sus cavallos y a pedro de candia que aperçiuiose su art[i]-llerya y el gouernador con toda su gente pusose [a] punto con la gente de a pie y estando tod[os] [-]

[44] Los últimos folios están especialmente deteriorados.

[fol. 49v]

dereçados biendo quel tir[------] va a grandes voçes
que los entrasen a p[-----] cen senas a pedro
de candia que suelte s[u ar]tilleria y sale hernando de
soto y hernando piçarro con la gente de a cauallo /

– Y el gouernador arremete a las andas del atabalipa
y tiene dellas rreçiamente dando voçes y como candia
obiese soltado la artilleria (*ya*) de temor que tubieron
los yndios buelben vyendo y aprietanse con vna pared
del tanvo que ayna la derrivaran prendieronle al
tirano y dioles de miedo mucha plata y oro que les yn-
cho el buio del sol

– Vn dia le vino nuebas como su hermano el guascar
lo trayan ya preso y beniendo aquel señor ya preso
con aquel quiquiz y calicuchima de los yndios que yban
desvaratados supo como estaua preso su hermano
atabalipa y como auia dado a los cristianos aquel buyo
del horo y plata y como el uiese ya la (*teraçion*) trayçion con que lo auian preso temiendose los ch(*i*>)ristianos
no lo matasen dixo que si a el le dauan el senorio de la tierra
aquellos cristianos y aquel capitan les ynchiria[45] el buio
grande de oro y plata como no le abollasen las vasijas[46] y
como los capitanes que le traian preso lo oyesen y como
el quiquiz fuese mui abisado enuio al calicuchima
el otro capitan dixese aquello al atabalipa que no
lo entendiesen los cristianos y como aquel tirano de atabalipa lo supo temiendose que matarian a el y dauan al
guascar el senorio determina de haçerse malo y enbio
a llamar al gouernado piçarro que le benia nuebas
[q]uel guascar su hermano hera muerto y como el gober-
[n]ador lo oyo rrespondiole no se te de nada pues tu
[e]stas viuo y despacha mensajero que lo matasen como

[45] Palabra corregida.

[46] Palabra corregida.

[fol. 50r]

oyo dezir a[l] gouern[ador] [aqu]ella palabra (*rr*>)llegado este mando a quiquiz [----] quel señor creiendo quel auia de biuir /

– O trayçion maluada [---] de ser escrita de vn tirano como aquel mas [-]e valiera enuiar a mandar que le soltaran y que apellidara toda la tierra e hiçiera mucha cantidad de gente y pussiera çercos sobre aquellos christianos y te soltara y te sacara de prision que no que vsaras tanta crueldad piensas que a de consentir dios nuestro señor [--][47] nezcan traiçiones y que no sea castigadas /

– Estava con el gouernador vna lengua que se llamaba e-lipillo y este ataualipa tenia vna hindia señora mui hermosa que despues de bautizada la llamaron angelina y esta lengua namorado della / arguyo el ata-valipa que queria rrebelarse y ma(*r*)tar a los cristianos e hiçoselo entender al gouernador creyendoselo piçarro hazelo matar por donde pago el tirano la muerte de su hermano esta lengua fue el que se quiso rrebe-lar en chile y matar al adelantado almagro y a su gente sauido estar rreuelado el peru e hiçolo matar el adelantado como vio la trayçion de manera ç*esarea* mag*estad* que dios nuestro señor no consiente trayçiones ni maldades ni argumentos falsos que luego no los cas-tiga y enmienda y porque su mag*estad* rremedie aquellos rreynos del peru y sepa todo lo de alla berisamamente aclararemos el caso de la vesita y otras cosas mu-chas pertenesçientes al seruiçio de dios y de v*uest*ra mag*e*[*stad*]

–Y porque me a faltado un mozo que mesçrevia ba esto de mi letra [au*n*q*u*e el l[--] lo supla —

– Su majestad es obligado y debe a estos señores yngas much[-] manera çesaria majestad que los enbiemos a llamar y su ma[jestad]

[47] La primera letra de esta palabra parece una <p>. La interpretación de esta palabra como "padezcan" tiene sentido pese a que la <n> de la siguiente línea está bastante clara y no permite inferirlo sin más.

[fol. 50v]

– Mande azer mercedes a los señ[ores] [-------] y dar de comer y tierras y a los demas se pondran por [---------] con ba[---] se alguaziles y que estos tengan cuenta y rra[zon] [------]se de la benta y mand[e] a los señores dellas muestren y enseñ[en -----] orden quel ynga tenia en t[o]-dos los rreynos y la cuenta de sus [-----] ansi de las minas de oro como de plata como de la rropa y del ganado del ynga y ansimesmo del ganado del sol y de las guacas y adoratorios que en todas las pro-binçias abia y lo aclaren todo / y al rrepartimiento de las tierras ansi las que eran del señor ynga como de las del sol de los yndios q[ue] en cada probincia ay el dia de oy para tasarlos lo que podran trebotar a sus encomenderos — y si dios fuere serbido que se descubran minas de oro y plata que ellos mesmos las labren y us[en] y si fueren tales que se puedan labrar a usanza despaña que su majestad las mande labrar por suyas y rrestaurar a los se-ñores en sus señorios y tornarles sus patrimonios porque ay algunos desposeydos dellos ansi de eredades como de lagu-nas de sus pesque[ri]as que se tornen a sus asientos biejos de donde los an echado por quitarlas las tierras que cabo [d]ellos tenian [-] como se sepa la cantidad de los yndios que obiere se les señalen tierras que puedan labrar asta diez anegas v ocho de tierras cada yndio con su mujer y ijos —

Y las demas que su majestad mande poblar la tierra dar a los que lo meresçiere y que aya alguaziles por los tanbos y casas del camino rreal que los anpare y faboresca para que bendan sus aziendas y comidas y alpargatas y otras cosas a los que pasaren por los caminos ansi mercaderes como rrecuas y que en todo se les guarde justiçia y no se les consienta agan ellos agrabio a ninguno que ante ellos estan. a los flayres o clerigos que estubieren en las dotrinas por las probinçias [n]o se les de mas de dozientos pesos de salario y su comida [a los] tales no se les consienta que usen de rrescates ni [---]jarias con ellos sino que el que estubiere un año en [una] probinçia se pase a otra y desta arte ebitarseles

[fol. 51r]

[---]
[--s] de [--]
[---]
[--]d en y [---]
ta mesma orden [---]s[---]
derramo y rrepartio por tod[o] [el] puebl[o][---------------------]
esta gloria suplico a su majestad o[mi]lmente y como omilde
y çierto sudito sea yo faborescido y anparado con justiçia
y esta coronica se mande enprimir y se me de a mi esta gloria
(*y*) de coronista prencipalmente y mas a ning*u*no y cierto y primero que la di y declare y en todo pido mer*ç*ed —

Al*o*ns*o* borregan

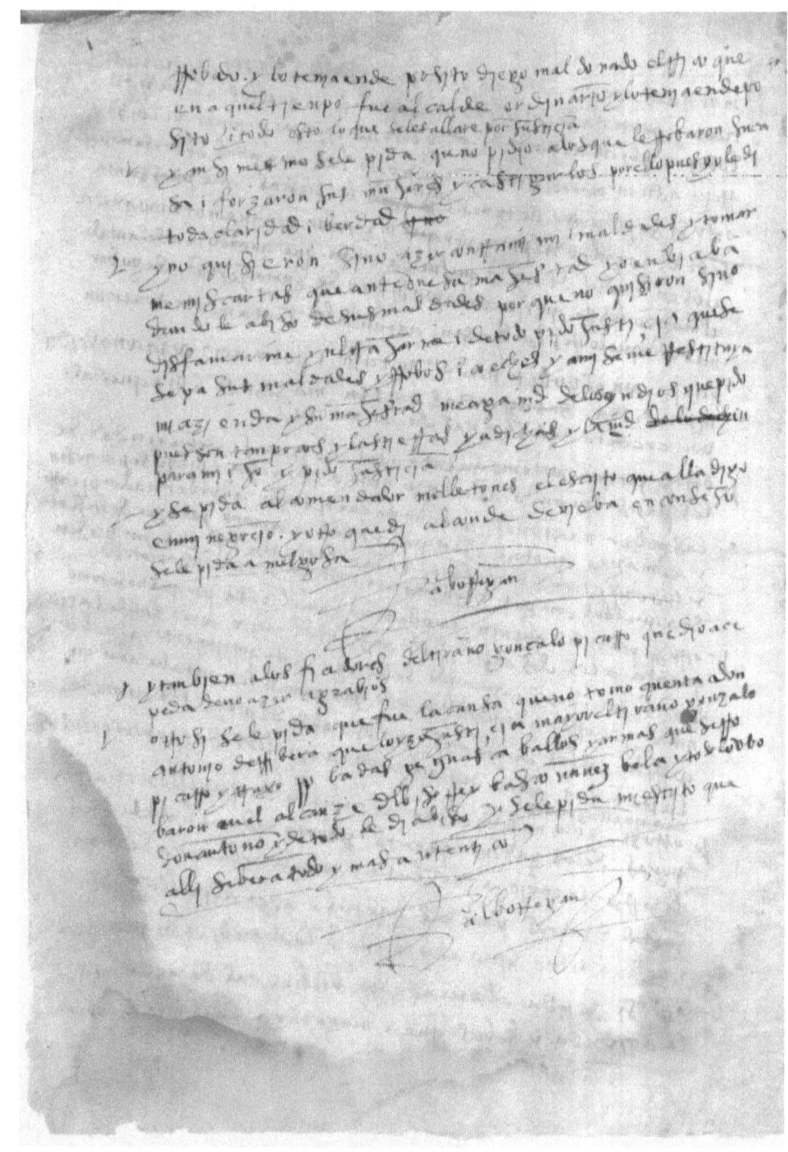

Alonso Borregán: *Tercera petición.* Autógrafo (fol. 9v)

Alonso Borregán: *Crónica* (fol. 15v)

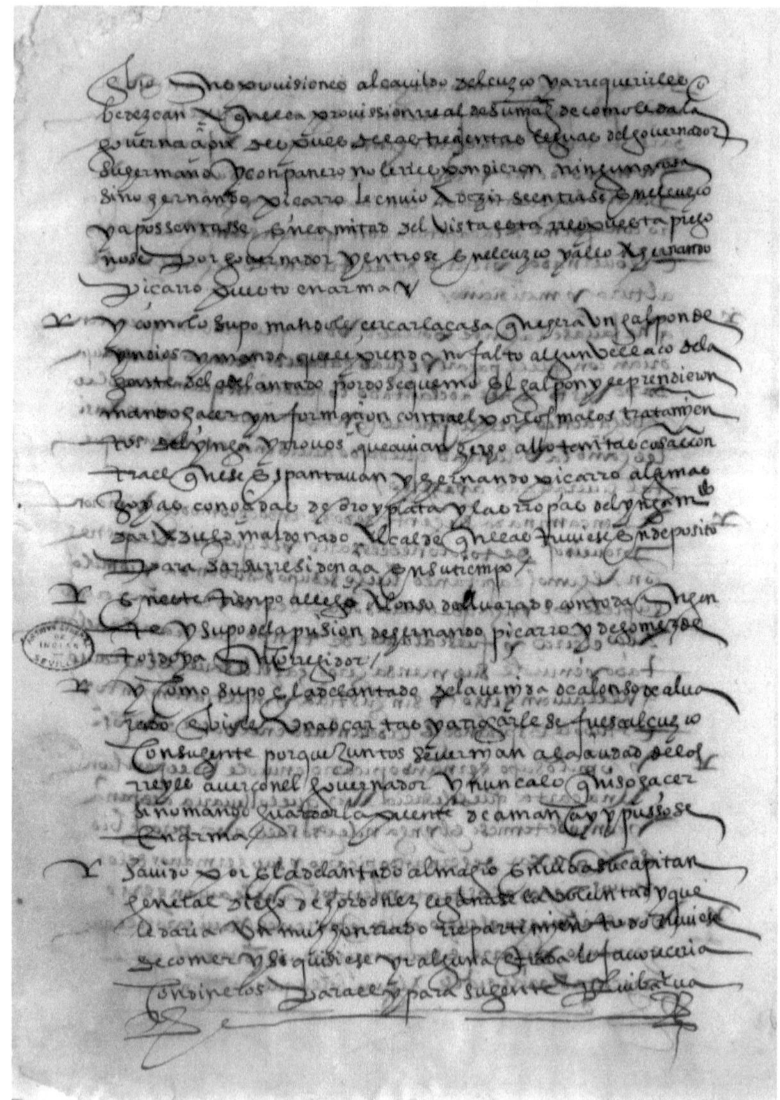

Alonso Borregán: *Crónica* (fol. 21v)

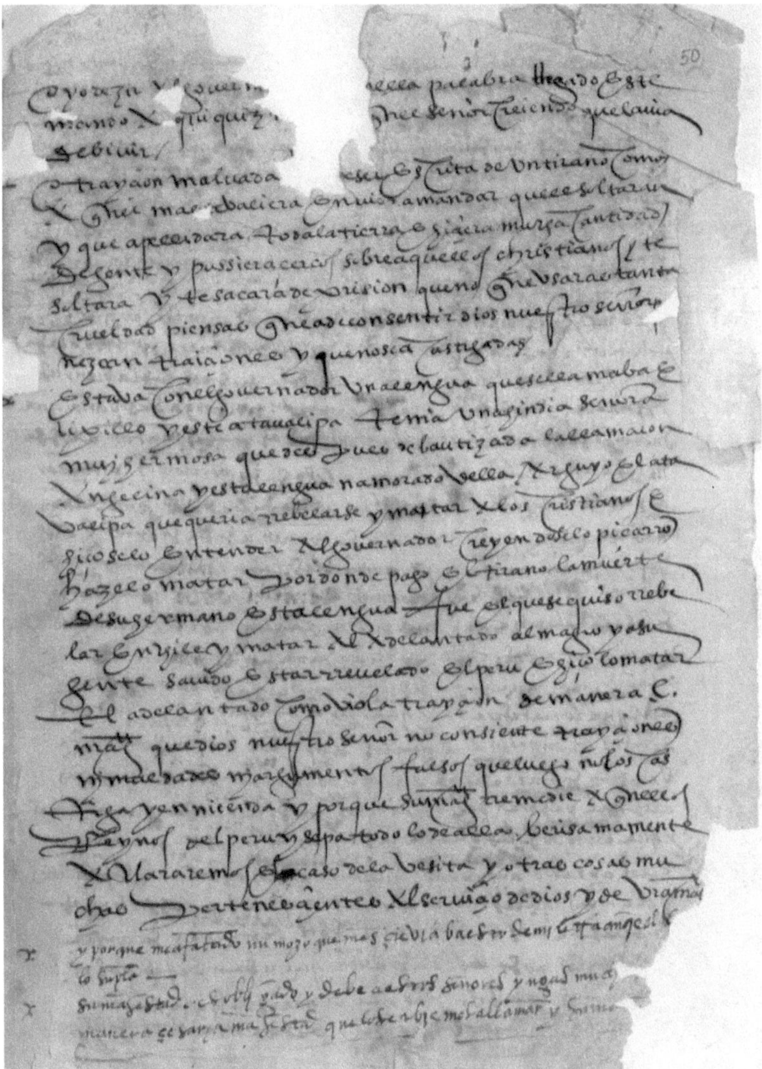

Alonso Borregán: *Crónica* (fol. 50r)

Textos y Documentos Españoles y Americanos

Albertin, Chiara (ed.): *De las costumbres antiguas de los naturales del Pirú.* 2008, 182 p. (Textos y Documentos Españoles y Americanos, 5) ISBN 9788484893516

Fernández Alcaide, Marta: *Cartas de particulares en Indias del siglo XVI. Edición y estudio discursivo.* 2009, 384 p. + CD (Textos y Documentos Españoles y Americanos, 6) ISBN 9788484894117

Navarro Gala, Rosario: *La «Relación de antigüedades deste Reyno del Pirú».* Gramática y discurso ideológico indígena. 2007, 200 p. (Textos y Documentos Españoles y Americanos, 4) ISBN 9788484892731

Rivarola, José Luis: *Español andino. Textos bilingües de los siglos XVI y XVII.* 2000, 136 p. (Textos y Documentos Españoles y Americanos, 1) ISBN 9788495107725

Schmidt-Riese, Roland: *Relatando México. Cinco textos del período fundacional de la colonia en tierra firme.* 2003, 210 p. (Textos y Documentos Españoles y Americanos, 3) ISBN 9788484890669

www.ingramcontent.com/pod-product-compliance
Lightning Source LLC
Chambersburg PA
CBHW030236240426
43663CB00037B/1142

* 9 7 8 8 4 8 4 8 9 6 3 5 7 *